優渥叢書

優渥叢書

頂尖操盤手實戰筆記完整公開

101張圖看懂

技術分析

【初階入門版】

我如何用 K 線賺一億！？

財聚龍頭◎著

第 **4** 章　看穿 15 種 K 線賣出訊號，你也能賺飽飽再下車！

學好K線技術分析，
就是讓你穩定獲利的利器！

如何從市場中快速穩定地獲取利潤？這是投資人經常問的問題。他們只知其然，卻不知其所以然，以為股市是一部快速安全的提款機。市場的運行有其自身規律，鐵口直斷預測第二天的走勢，屬於無稽之談。但投資人往往只關心明天的行情如何，總問得讓人哭笑不得，不知如何作答。

技術分析博大精深，流派眾多，關於經典技術分析方法的書籍更是浩如煙海，從哪裡作為技術分析方法講解的切入點，便成了首要問題。面對絕大多數中小投資人的困惑，我們思之再三，決定講解經典和基礎的K線圖分析方法。由淺入深，希望能夠對新入市的投資人提供些許幫助。

本書是應朋友之邀而作，雖然僅以K線圖為基礎進行講解和分析，但其中不乏個人的經驗總結。如果讀者能夠從中獲得些許收益，並且對交易確實有正面積極的幫助，這是我們最想看到的結果，心中也會獲得許多安慰。

❖ 從買賣時機到行情大趨勢，一次搞懂！

本書先以輔助分析工具著手，重點講解K線圖有關的技術分析手段，作為鋪墊。在講解K線圖形態的過程中，從週線、日線的趨勢判斷著眼，做到以大局為重；從日線級別做為趨勢追蹤，找到大致交易

點；從小時線著手，找到精確的入市或出市時機，層層剖析。

如此，讀者不但能鳥瞰全域，還可學會在細微處力求精準，從多角度來看待問題。尼德霍夫說：「看待問題的角度，會影響你看待問題的廣度和深度。」但是，我們在此也要說明一點，性格也決定操作的成敗，技術是末節。

心理素質和相對正確的人生觀和價值觀，從更深的層次，決定讀者今後在投機市場中能走多遠。技術分析是贈與有緣人的，也許其中的某些分析方法，與各位的人生觀和價值觀不相符，但希望能從中找到一種適合於自己的方法，為己所用。

相信許多朋友都看過有關 K 線圖的書籍，但並未進行深入的思考和研究，以至於盲人摸象，似是而非，最終只窺探到局部，卻以為自己洞觀了全域。我們針對此問題，著重講解 K 線圖形態的相關驗證方法，力求其操作準確度能大大提高。

不要以為基礎的 K 線圖技術分析方法簡單，其實它真實地反映交易者心理的變化。毫不誇張地說，這也是一門心理學藝術。江山易改，稟性難移，存在就是有道理的。K 線圖分析方法流傳至今已有數百年歷史，學好 K 線圖，便如同打下堅實牢固的內功基礎，所謂飛花摘葉亦可傷人。但是如果一知半解，反而會自食苦果。

❖ 專攻 K 線技術分析，助你成為獲利高手

在任何一個風險投資市場當中，沒有專家，只有贏家和輸家。判斷是否成功，輸贏就是判定的標準，高手和低手不是憑嘴說出來的，而是靠真實的帳面獲利來判斷。雖然從事這一行業十載有餘，也不敢稍有怠慢，始終如一地以敬畏之心面對市場。

進行實盤操作時，技術分析只是提供機率較大的傾向。例如突破重要支撐或阻力位，破位是技術分析，不破位同樣是技術分析，關鍵在於如何看待技術分析，如何面對技術分析所帶來的成敗結果。

在實際操作當中，沒有十全十美的操作，只要利潤能夠大於虧損，就是一名成功的交易者。在心理方面，不要追求完美，任何完美都是有缺陷的，因為不完美，而成就了它的完美；也正因為它是完美的，所以包含著不完美，這是一個哲學問題。

本書佔用較大篇幅來講解 K 線圖，和由 K 線圖組成的價格形態的分析方法。由於篇幅所限，本書側重此點，其他經典技術分析方法，敬請關注其他的著作。拋磚引玉，若本書中有不盡如人意之處，敬請理解和諒解。

最後祝讀者朋友們交易成功！

第 **1** 章

股市小白想大賺波段，
得先懂的基礎知識

1.1
開戶有這 4 點要注意——
資格、帳戶、交易方式、證券公司

隨著生活水準不斷提高，除了必備的生活開銷，許多人手中剩餘的資金也越來越多。應該如何利用這些剩餘的閒置資金呢？如何讓這些閒置資金保值、升值呢？

常見的投資選擇有儲蓄和股票兩種。將剩餘資金放到銀行裡，每月獲得的固定利息是微薄的，甚至趕不上物價的漲幅，因此儲蓄此一投資方式很難使貨幣保值，甚至可能貶值。而股市是財富保值增值的一個好途徑，股市的入門條件很低，要求的資金不大，幾千甚至幾百元均可進行。以下簡單介紹股市和股票的相關知識，使想在股市進行投資人，對證券有宏觀的瞭解。

如果想在股市進行交易，首先要到證券公司開戶，然後才能在股市進行交易。進入股市並不難，門檻也低。比如一檔股票市場價格為 4 元，我們買最少的數量 1 張，也就是 1000 股，僅 4000 元，此投入的金額並不高，就可獲得一個交易資格。

1. 投資人的必備條件

首先，要瞭解與開戶相關的知識，目前我們只能到證券公司去開戶，證券公司是連接投資人和證券交易所的中間商。一般而言，只要年滿 18 歲者都可以到證券公司去開戶。

2. 如何開通股票帳戶

開通股票帳戶時，實際上需要開立證券和銀行兩個帳戶。一般而言，投資人須攜帶本人身份證親自到證券公司填寫申請表，開立證券帳戶。

證券帳戶是投資人買賣股票的有效憑證，在股票買賣交易、過戶時，所填寫的代碼均為證券帳號。

銀行帳戶是投資人委託股票買賣時，需要存放資金的帳號。任何想進行股票交易的人，都必須到銀行開設銀行帳號，這是委託股票買賣資金專用帳戶。

3. 交易方式

股票的交易方式有很多種，比如電話委託、網路委託等。目前較為流行、使用較多的交易方式是網路交易。在開立股票帳戶時，可以同時提出申請網路交易，下載證券公司專用的交易軟體，在電腦或手機上安裝設置。一般而言，在網路環境進行交易，會比電話下單收取的費用低。

4. 證券公司的選擇

目前證券公司有很多家，所收取的費用也不相同。一般而言，大型的證券公司，是經營歷史較長，且有一定品牌和影響力的證券公司，收取的手續費比較高。規模較小且知名度不高的證券公司，收取的手續費相對較低。因此，投資人可以根據自己的實際情況，選擇適當的證券公司。

1.2
股票的交易規則——
漲跌幅、費用、委託對象等

想在股市上獲利，首先必須熟悉股市的交易規則，只有按照並且遵循這些交易規則，才有可能獲得較大的收益。

1. 交易單位與報價單位

提到股票，人們自然會想到「股」是股票的基本單位，平時也都說「手中買了○○股股票」。但在實際交易時，最小的基本單位是張，1張是 1000 股。也就是說，在股市中進行股票買賣交易時，每次最少的買入量為 1 張，也就是 1000 股。

我們可以買入 1000 股的整數倍，例如，可以買入 2000 股、3000股、10000 股股票。

2. 漲跌幅

為了防止證券市場上投機過度，我國證券市場對股票的漲跌幅度有一定的限制。股票價格不能無限地上漲和下跌，如果股票價格漲到漲跌幅度的上限，稱為「漲停板」。如果股票價格下跌到漲跌幅度規定的下限，稱為「跌停板」。

股票的漲跌幅度，是以上一交易日的收盤價為計算依據，漲跌幅度為 10%。當天股票的漲停板價格，為上一交易日收盤價乘以 110%；當

天股票的跌停板價格，為上一交易日收盤價乘以90%。但是對於首日上市的股票來說，沒有漲跌停板的限制。

3. 委託方式

　　進行股票交易時，只能經由委託經紀商的方式，來進行股票買賣。因此需要給經紀商下達正確的交易指令，使其能夠按照自己的意圖替我們買賣股票，以有利於我們的價格來成交。

　　經常用到的委託方式有很多種，每一種都有優點和局限性，因此，應該對常用的委託方式有一定的瞭解，有利於在不同的情況下選擇不同的委託方式。

(1) 市價委託

　　在交易過程中，最常用的方式是市價委託，也就是要求經紀商按照當時的市場價格買入或賣出股票。這種委託方式的優點在於可以快速成交，基本上不存在交易不成功的情況。通常，當股市出現急速上漲或急速下跌時，投資人會急於追漲或者急於賣出手中的股票，這時大多採用此種委託方式。

　　市價委託的弊端在於，投資人沒有做出明確的價格規定，在下達委託單後，經紀商接受並執行委託的過程中，會有時間差。因此，如果市場價格急劇變化，可能使成交的價格與投資人預想的價格，有一定的差距。

(2) 限價委託

　　限價委託也是常用的委託方式，這種委託方式不同於市價委託，投資人需要給經紀商規定一個買入或賣出的交易價格。經紀商只能按照委託人規定的或者低於委託人規定的價格買入股票，也可以按照委託人規定的價格或者高於委託人規定的價格出售股票。但如果股票市場價格低於委託人的報價，則經紀商不能出售股票；如果市場價格高於委託人的報價，經紀商也同樣不能給委託人買入股票。

　　限價委託的優點在於，委託人可以按照自己的價位進場和出場，在

一定程度上實現低買高賣，獲得一定的利潤。缺點是容易出現無法成交的情況，因為如果委託的報價與市場價格有一定分歧，委託單往往不能成交。

4. 競價規則

股市中，買入和賣出都不是一家，因此，必須有一定的規則來規範股票成交的先後順序。目前，股市的競價規則，主要為價格優先和時間優先。以較高價格委託買入的，優先於以較低價格委託買入的；以低價格賣出的委託，優先於以較高價格賣出的委託。如果價格相同，則先提交的委託優先成交。

也就是說，在買入股票時，高價優先成交；在賣出股票時，低價優先成交；無論買賣，如果價格相同，按照時間先後順序，提交委託早的先成交。

5. 交易費用

投資人在股市進行交易時，有一定的交易成本，因為證券公司要收取一定的手續費用。

6. 交割結算

股票交易者在發出買入或賣出的委託單後，證券公司還要完成結算和交割的程序。證券公司要從買方的帳戶中劃撥資金，將資金劃入賣方帳戶中，同時將賣方帳戶下的股票，登記到買方帳戶上。

1.3
科技時代善用網路交易——
有效掌握即時行情

　　隨著電腦普及，網路交易成為更多人選擇的股票交易方式，投資人不必再把時間浪費在證券交易大廳，在家利用網路就可以及時瞭解到當前的股市行情，並可以做出獨立判斷進行買賣，並及時看到自己資金帳戶的變化。

1. 網路交易的優勢

　　網路交易可以及時瞭解行情的變化，發出委託命令。例如，如果交易者突然發現有利於自己買入股票時，經由網路發出委託單，要比經由電話委託的方式快很多，因此可以更快抓住有利的價位。

　　此外，一般經由網路交易所需要的手續費，低於電話下單所需支付的費用。交易者在網路交易後，就能經由股票軟體，及時查詢到資金的變化，並及時查看自己名下的股票數量，可以在第一時間瞭解委託單是否成交。

2. 網路交易的軟體

　　每個證券公司都有自己的行情顯示軟體和股票交易軟體，投資人可以從證券公司的網站上，自行下載相關軟體，來進行股票行情走勢分析和委託交易。

一般來說，投資人經由開戶證券公司的交易軟體，才能進行股票交易。但是目前股市中也有一些通用的分析交易軟體，這些交易軟體的行情分析工具更為強大。因此，投資人也可以選擇這些通用的股票分析交易軟體，來分析股票走勢和交易。

1.4
K 線基礎 7 大知識──
陰線陽線、上影線下影線等

　　K 線圖是投資人必須掌握的基礎知識，它以其特有的內在含義及以形象而來的名稱，在投資市場中發揮著巨大作用。學習任何證券技術分析，都必須先學習 K 線知識，以 K 線為基礎，才能掌握更多技術分析方法。

1. K 線圖概述

　　一個單位交易時間的四種基本要素，都能在 K 線圖上清楚看到，所以我們打開任何一款技術分析軟體，首先映入眼簾的必然是 K 線圖，配以移動平均線、成交量以及擺動指標，只要涉及技術分析，無論你是哪一個流派，都是以 K 線圖作為基本分析工具。有些人秉承西方的技術分析流派，會選擇竹節圖作為基本的分析工具。這兩種圖孰優孰劣，我們可以做一下對比，如圖 1-1 及圖 1-2 所示。

　　經由這兩幅圖的對照可以看出，K 線在視覺方面顯得更加直觀、飽滿，開盤價和收盤價的位置更加明顯。此外，上漲與下跌的顏色不同，更便於分析者知曉這一天的價格運行軌跡。

　　經由 K 線的顏色，也反映了東方哲學的內涵。通常，K 線在分析軟體中，上漲多以紅色來表示，下跌多以黑色來表示，這對於觀察漲跌的變化非常直觀明瞭，易於判斷。

▲ 圖 1-1　K 線圖

▲ 圖 1-2　竹節圖

在後面章節中講到 K 線形態分析時，會看到甚至以這些 K 線的顏色來命名 K 線形態，這些名稱生動反映市場將發生的變化。假如你對 K 線圖一無所知，請就以下幾例 K 線圖名稱，看看是否能夠做到觀其名知其形，預測出股市的後勢變化，例如：上吊線、曙光初現、烏雲蓋頂、流星線、前進白色三兵。

顯然，曙光初現給人帶來朝氣和希望，預示後勢將上漲；烏雲蓋頂、流星線、上吊線等，充滿了不祥的壓抑徵兆，預示後勢將下跌。

2. 上漲與下跌的 K 線畫法

當一天的走勢運行結束後，收盤價高於開盤價時，代表股價在這個交易時間單位內是上漲的。在這個交易時間單位中，股價達到的最高點，稱之為最高價；股價達到的最低點，稱之為最低價；開盤價和收盤價之間，用矩形來表示，稱為實體；最高價與最低價在矩形的水平中央，分別用兩條線段來表示，稱為上影線和下影線。我們將這樣的一根 K 線稱為陽線，圖 1-3 為其內部走勢與 K 線的表示形態。

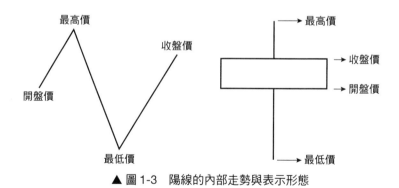

▲ 圖 1-3　陽線的內部走勢與表示形態

與之相反的 K 線，在這個交易時間單位內，收盤價低於開盤價時，我們稱之為陰線。中間用矩形表示的陰線實體，用黑色將它填滿，表示該交易單位時間內是下跌的，如圖 1-4 為陰線的內部走勢與表示形態。

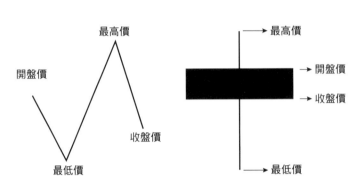

▲ 圖 1-4　陰線的內部走勢與表示形態

3. 長實體陽線與陰線的意義

　　長實體陽線往往代表市場漲勢強勁，說明市場情緒較樂觀，但若市場上漲的尾聲出現，也許另有其深意。例如高位天量長陽，則隱含著股市可能見頂的含義，這需要經由整體的技術分析和其他 K 線與之配合，才能得出較準確的結論。單獨一根長實體陽線，只能說明在這一單位時間內，上漲動能很強而已。

　　長實體陰線與之相反，代表著極其疲弱的走勢，若出現於下跌趨勢的尾升，且成交量極少，有可能是下跌趨勢的尾聲，如圖 1-5 所示。

　　在極端情況下，這種漲勢極強或是跌勢極強的交易時間內，通常沒有震盪走勢，而是直接上漲或直接下跌。例如陽線，開盤價便是最低

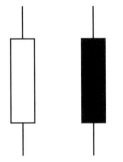

▲ 圖 1-5　長實體陽線（左）和陰線（右）

價，收盤價也是最高價；例如陰線，開盤價便是最高價，收盤價也是最低價。這種 K 線，我們稱之為光頭光腳陽線或光頭光腳陰線，比長實體陽線或陰線，具有更高的強度，如圖 1-6 所示。

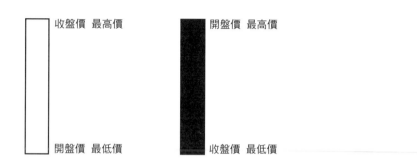

收盤價　最高價

開盤價　最低價

開盤價　最高價

收盤價　最低價

▲ 圖1-6　光頭光腳陽線（左）和陰線（右）

4. 小實體 K 線的意義

　　小實體 K 線，相對來說實體部分較小，上下影線也相對較短，我們將其稱為「星線」。通常，這類 K 線表示市場多空雙方，已暫時達成妥協，沒有任何一方主動進攻，市場陷入暫時的整理狀態。但如果這類 K 線與其他 K 線組合在一起，根據其出現的位置不同，則具有不同的意義。

　　例如，黃昏之星是出現在市場頂部的反轉形態，而啟明星是出現在市場底部的反轉形態，甚至可以與較長的陰線或陽線構成孕線形態。星線的用途很廣泛，而 K 線分析的難點和重點，也正是在於對星線的分析與使用。在前進白色三兵中，如果出現星線，則代表後市向上的動能已經衰弱，市場極可能已陷入停頓狀態，如圖 1-7 所示。

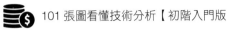

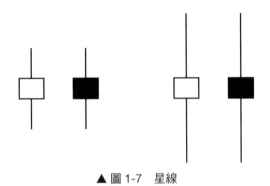

▲ 圖 1-7　星線

　　較長的上下影線，代表當日的交易情況比較激烈。若輔以較大的成交量，說明當日的交易已經處於白熱化。若出現在特殊的 K 線組合當中，則具有極其重要的參考價值。

5. 具有長上影線 K 線的意義

　　長上影線，代表該日交易中多方首先將價格推高，但收盤前最終還是被空方壓制而回，說明空方的力量要遠遠大於多方的力量。若出現在市場的頂端，則市場中看跌的意願非常強烈。但出現在市場的底部，則具有向上反轉的可能性。值得注意的是，我們一直在說的是可能性，還需要其他 K 線的輔助分析，才能將之定性。

　　例如流星線形態，便是出現在市場頂部的看跌反轉形態。再如倒錘子線，便是出現在市場底部的看漲反轉形態。此類形態出現在頂部的意義，大於出現在底部的意義，因為這一類形態的實體較小，所以實體的顏色無關緊要。也就是說，它是陰線也好陽線也好，都不影響作用的發揮。在這類形態中，重點要研究它的長上影線，如圖 1-8 所示。

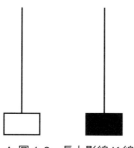

▲ 圖 1-8　長上影線 K 線

6. 具有長下影線 K 線的意義

　　與具有長上影線 K 線成上下鏡像的一種 K 線，為具有長下影線的 K 線。當日交易中，空方首先將價格拉低，但最終收盤前，多方又將價格推回至開盤價水準附近，說明在市場的氣氛中，買方的力量要多於賣方的力量。此類形態無論發生在市場的頂部還是底部，都具有較強烈的反轉意義。

　　同樣，這類形態的實體部分也很小，所以它的實體顏色也是無關緊要的，陰線或陽線在這裡所代表的意義可以忽略，我們應將重點放在它的長下影線上。

　　例如，上吊線是出現在市場頂部的看跌反轉形態。再如，錘子線是出現在市場底部的看漲反轉形態，這類形態不論出現在市場的頂部還是底部，它們所具有的反轉意義都是相同的，如圖 1-9 所示。

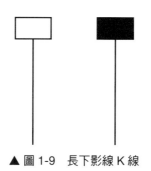

▲ 圖 1-9　長下影線 K 線

7. 無實體 K 線的意義

在市場中，與其他 K 線形態相比較，無實體 K 線是比較少見的。它的開盤價與收盤價是同一價位，通常被稱為「十字線」。它具有非凡的意義，比普通星線具有更強的反轉意願，是這種 K 線的特質。如當其出現在市場頂部時，其反轉意義比星線更為強烈，它代表市場買賣雙方處於膠著狀態，不分勝負，保持著極度微妙的平衡。

如果這類形態出現在市場頂部，則說明買方力量不足以繼續推動股價上漲，而賣盤力量有所增強，一旦空方賣盤力度增強，股價將毫不猶豫地向下急跌。同樣，如果這類形態出現在市場的底部，那麼一旦多方向上推動的力道增強，那麼股價也將快速上揚。

由於價格自身重力的原因，這類形態的 K 線出現在市場頂部時，反轉強度要大於底部反轉，如圖 1-10 所示。

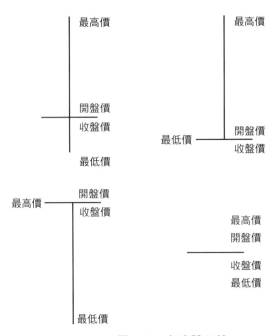

▲ 圖 1-10　無實體 K 線

　　上圖中只有上影線而沒有下影線的星線，如果出現在市場的頂部，則稱之為「死亡墓碑」。它的名字本身便具有不祥的徵兆，屬於流星線一類的反轉形態，同時也具有星線的意義，是更強烈的流星線形態。

　　只有下影線而沒有上影線的 K 線，通常稱之為「丁字線」，它的主要意義是出現在市場頂部或底部的反轉預期作用，兼具錘子線、上吊線和十字星線的多重含義。不論出現在市場的頂部還是底部，都不可掉以輕心。

　　另外，前面所講述的這些十字星線，如果與之前的長陰線和長陽線共同組合，則稱為「十字孕線」，當其出現在市場頂部或市場底部時，同樣具有重要的意義，比一般孕線有更大的反轉力量。

　　而圖中的「一字線」，往往代表著市場中極端的表現，為漲停或是跌停的情況。

　　綜上所述，我們發現一種現象，就是以上所講的這些圖形，幾乎囊括了所有可能出現的 K 線形態。只要將它們排列組合，再根據其在市場出現的位置加以判斷，便會對後市的研判產生重要影響。

　　市場是有語言的，K 線便是市場語言的具體表現形式，讀懂了 K 線的變化，也就讀懂了市場變化。

第 **2** 章

技術分析很簡單，
從這 **6** 個理論看懂市場規律

2.1
【道氏理論】告訴你：市場趨勢有3階段，無論牛市或熊市

　　K線是一種獨特的技術分析方法，借助於K線，我們可以還原市場多空力量的真實交鋒情況，也可以預測價格的後期走勢。但對於一般投資人來說，往往只把K線看作價格走勢的一種反映，而忽略了其蘊藏的豐富市場含義。究其原因，還是投資人對「技術分析」的理解不夠深入，無法把握其內涵。

　　經典理論從不同角度，各有側重地闡述股市的運行規律、運動方式，它們是思想的體現，也是方法的揭示。本章中，我們以技術分析領域中的經典理論為出發點，力圖幫助讀者全面提升技術分析水準，為隨後利用K線進行實盤操作，打好堅實的基礎。

　　首先要介紹的是道氏理論（Dow Theory），它是最基礎的技術分析理論，以論述市場趨勢運行為核心，而「趨勢運行規律」在技術分析領域又佔有核心地位。道氏理論開創了技術分析的先河，為後續的技術分析理論提供基礎。最難能可貴的是，它指明了技術分析的研究方向，使雜亂無章且可靠性值得懷疑的技術分析方法，不再是無源之水、無根之木。

　　理解道氏理論，既可以讓我們系統化理解股市的趨勢運行規律，也可以讓我們對技術分析的認識更進一步。

2.1.1 道氏理論是什麼？

查理斯·道（Charles Dow，1851 ～ 1902 年）最早論述了道氏理論中的經典思想。他創立道瓊公司，並創設用於反映股市整體走向的道瓊指數[註]，經由對道瓊指數的研究，發現股市運行的「趨勢性」特點。他將所發現的內容做整理，並發表在相關報章雜誌上，卻沒有對股市的趨勢運行規律，做系統性的總結。

他去世之後，威廉姆·皮特·漢密爾頓（William Peter Hamilton）和羅伯特·雷亞（Robert Rhea）繼承了道氏理論，兩人所著的《股市晴雨表》、《道氏理論》，成為後人研究道氏理論的經典著作。現在我們所看到的道氏理論，正是這三人共同的研究結果。

「道氏理論」的偉大之處，在於其寶貴的哲學思想，並為後人開啟技術分析的大門。從此之後，許多技術分析方法如雨後春筍破土而出，這些技術分析方法或多或少，都參照了道氏理論。

2.1.2 道氏理論有 3 個假設前提

道氏理論的成立有三個前提假設，這三個前提假設顯然為真，並彰顯了道氏理論的系統性、完備性，是經得起推敲的一種理論：

註：查理斯·道在 1895 年創立道瓊工業指數，這一指數主要是為了反映股市的整體走向。最初的道瓊股票價格平均指數，是根據11種具有代表性的鐵路公司股票，採用算術平均法進行計算編制而成。自 1897 年起，道瓊股票價格平均指數分成工業與運輸業兩大類，並且在道瓊公司出版的《華爾街日報》上公佈。1929 年又添加公用事業股票價格指數，並延續至今。在道瓊指數發佈後，查理斯·道以道瓊為對象，發表一系列論述市市運行規律的社論，這就是道氏理論的最初雛形。1902 年他逝世後，華爾街日報記者將其見解編成《投機初步》一書，從而使「道氏理論」正式定名。隨後，威廉姆·皮特·漢密爾頓、羅伯特·雷亞繼承並發展道氏理論，從而使其系統化。

- **假設1:基本趨勢運行方向不受人為操作的影響。**道氏理論認為市場存在趨勢運行的規律,這種規律是金融市場客觀存在的。它就如同自然界中的客觀規律一樣,我們只能發現它、研究它,但不能改變它。這種趨勢運行不受投資人意願、行為轉移,是我們應遵循的客觀規律[註]。

- **假設2:市場指數走勢會包容消化一切場內外因素。**平均指數反映了無數投資人的綜合市場行為,是股票市場的共同力量的數字化表現方式。市場指數每日的波動過程中,包容消化各種已知、可預見的事,且市場指數永遠會適當地預期未來事件的影響,如果發生相應的利好或利多事件,市場指數也會迅速地加以評估。

  若沒有這一假設,技術分析就無法站穩腳跟,技術分析在實盤運用過程中,其實就是經由分析已經呈現出來的市場行為,來預測價格走向,如果已經呈現出來的市場行為無法包括影響價格走勢的因素,那麼技術分析也就失去了意義。

- **假設3:道氏理論是客觀化的分析理論。**股市的運行並不受投資人喜好和意志轉移,道氏理論闡述的內容也是客觀存在的規律。因此投資人應客觀地遵循它,而不應不顧市場當前情況做主觀臆斷。

註:基本趨勢是指價格的中長期運行方向,後文將進行講解。

2.1.3 市場趨勢有不同級別、方向和階段

道氏理論以股市的走向為研究對象，對於道氏理論的核心思想，我們可以將其概括為以下幾點。

1. 股市走勢依級別，有以下 3 種

(1) **基本趨勢**：也稱為主要趨勢，它是大規模、中級以上的上下運動，這種變動持續的時間，通常為一年或一年以上，並導致股價上漲或下跌20％以上，基本趨勢指明了股市運行的大方向。

(2) **折返走勢**：是出現在基本趨勢運行過程中，與基本趨勢運行方向相反的中短期走勢。折返走勢對基本趨勢有調整、修正作用，也對其產生牽制。一般來說，折返走勢的持續時間相對較短，從數週至數月不等。

(3) **短期波動**：是指短短幾個交易日內的價格波動，多由一些偶然因素決定，從道氏理論的角度來看，其本身並無多大的意義。

圖 2-1 為基本趨勢、折返走勢、短期波動示意圖。基本趨勢的運行方向是向上的，1～6 的運行過程均隸屬於基本趨勢範圍之內；而 2～3、或 4～5 這樣的走勢為折返走勢（在本示意圖中，折返走勢的方向

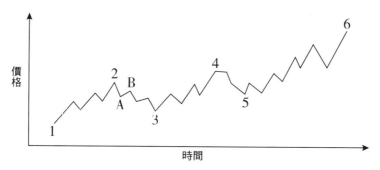

▲ 圖 2-1　基本趨勢、折返走勢、短期波動示意圖

向下，與基本趨勢的運行方向相反）；而像從 A 到 B 的這種小波動走勢，則屬於短期波動。

2. 股市走向依基本趨勢運行方向，有以下 3 種

(1) **上升趨勢**：即我們常說的「牛市」，此時基本趨勢的運行方向向上，其運行特徵一般如下。在股市持續運行的過程中，每一個後續價位，往往會上升到比前一個價位更高的水準。而每一次上升途中的回檔所創下的低點，都高於近期前一次上升過程中回檔的低點。

我們可以用「波峰」、「波谷」這兩個概念來描述其運動過程：上升趨勢就是一個「一峰高於一峰、一谷高於一谷」的整體性運動過程。

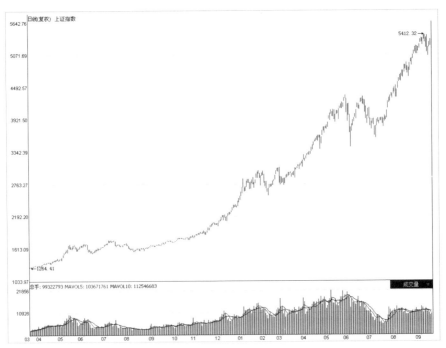

▲ 圖 2-2　上證指數 2006 年 3 月至 2007 年 9 月期間走勢圖

圖 2-2 為上證指數 2006 年 3 月至 2007 年 9 月期間走勢圖，可以看到股市在長達一年半多的時間裡，其整體運行方向明確——上升，這就是上升趨勢。上升趨勢是一個創造財富的市道，投資人若能正確理解趨勢運行的規律，並及時把握趨勢運行情況，就可以分享牛市所帶來的滾滾利潤了。

(2) **下跌趨勢**：即我們常說的「熊市」，此時基本趨勢的運行方向向下，這種趨勢的運行特徵一般如下。在股市持續運行的過程中，每一個後續價位，往往會下降到比前一個價位更低的水準，而每一次下跌途中的反彈上漲所創下的階段性高點，都低於近期前一次下跌過程中的反彈高點。

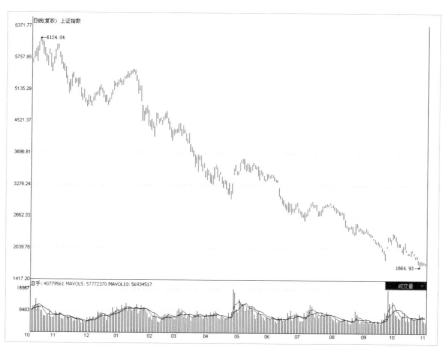

▲ 圖 2-3　上證指數 2007 年 10 月至 2008 年 11 月期間走勢圖

　　此處，我們同樣可以借用「波峰」、「波谷」這兩個概念描述其運動過程，即：下跌趨勢就是一個「一峰低於一峰、一谷低於一谷」的整體性運動過程。

　　圖 2-3 為上證指數 2007 年 10 月至 2008 年 11 月期間走勢圖，可以看到，股市在長達一年半多的時間裡，其整體運行方向明確——下降，這就是下跌趨勢。下跌趨勢是一個財富不斷縮減的市道，若我們不能正確地識別下跌趨勢的出現，則資金極有可能出現巨額虧損。如果說上升趨勢是股市的魅力所在，那麼，下跌趨勢則是股市的風險所在。

(3) **橫盤震盪趨勢**：是指股市長時間地橫向震盪運行，也是波峰與波峰交錯、波谷與波谷交錯的一種運動方式。

▲ 圖 2-4　　上證指數 2009 年 9 月至 2011 年 5 月期間走勢圖

　　圖 2-4 為上證指數 2009 年 9 月至 2011 年 5 月期間走勢圖，股市在此長達近兩年的時間裡，並無明確的上升或下降，而是處於橫向的寬幅震盪之中，這就是橫盤震盪趨勢。在橫盤震盪趨勢中，強勢股恆強、弱勢股恆弱。在實盤操作中，我們既要耐心地尋找強勢股，也要結合股市的波動規律，進行高賣低買的短線操作。

3. 上升趨勢可分為以下 3 個階段

　　任何一輪趨勢都是個漫長的過程，上升趨勢也不例外。上升趨勢是一個財富不斷增值的過程，對於中長線投資人來說，在上升趨勢形成初期買股並一路持有，是最佳操作方案。為了幫助投資人清楚理解升勢的運行過程、把握升勢的出現，道氏理論將上升趨勢劃分為三個階段：多方力量積累階段、持續上漲階段、探頂階段。

　　(1) **多方力量積累階段**：多方力量積累階段也稱為「築底階段」。這一階段往往處於市場前期經過大幅下跌之後。當市場處於這一階段時，個股的估值往往處於相對較低的狀態，市場的交投也很可能處於相對不活躍的狀態。但最壞的時候已經過去，且隨著股市下行步伐的結束，越來越多投資人會加快腳步入市，這也使得市場人氣回暖、多方力量不斷積累。

　　　　在這一階段，有遠見的投資人意識到形勢即將扭轉，從而買入那些不堅定投資人所賣出的籌碼。這些新進入的投資人有較強的看多、做多意願，這為股市隨後的突破上行積累了能量。

　　(2) **持續上漲階段**：經過第一階段的多方力量積累之後，由於經濟止跌、企業獲利能力有所好轉，或是政策力挺股市等利多消息影響，大量的買盤資金開始加速入市，多方此時完全佔據主導地位，股市的上漲步伐也進一步得以加速。

　　　　在這一階段，股市不斷上漲是源於充足的買盤來推動的，對於這種市況，我們可借助量價配合關係來理解。在此階段往往會看到「成交量隨著價格的不斷上揚，而出現同步放大」的形態，

這種價量齊升的形態正是買盤十分充足的體現。一般來說，此階段的漲幅往往是驚人的，也正是在這一階段，技巧嫻熟的交易者，往往會得到最大收益。

(3) **探頂階段**：這一階段出現在上升趨勢末期，是股市見頂前的衝刺階段，也是多方力量的最後一次集中釋放。在這一階段，所有的市場訊息都令人樂觀看待，投資人情緒高漲，很多不熟悉股市的場外人士也開始加入。但客觀事實是過高的估值狀態，隨著股市泡沫變大、買盤枯竭，上升趨勢也步入到了尾聲。

4. 下跌趨勢可分為以下 3 個階段

下跌趨勢是一個財富不斷貶值的過程，對於中長線投資人來說，在下跌趨勢形成初期，賣股離場以規避熊市風險，無疑是最好的選擇。為了幫助投資人更理解跌勢的運行過程、把握跌勢的出現，道氏理論將下跌趨勢劃分為三個階段：空方力量積累階段、持續下行階段、探底階段。

(1) **空方力量積累階段**：空方力量積累階段也稱築頂階段。這一階段會與上升趨勢的第三個階段「探頂階段」交織在一起。這一階段往往出現在市場前期經過大幅上漲之後，當市場處於此階段時，個股的估值往往處於相對較高的狀態，且由於前期的長久上漲，市場的潛在買盤力量也消耗殆盡。

在這一階段，多方不再佔據優勢，也無法繼續推升股價上行，但由於很多持股者並未意識到升勢結束，因而沒有進行集中拋售，多空雙方處於膠著狀態。但隨著震盪走勢的持續，越來越多的投資人會意識到頂部的出現，從而選擇賣股離場，股市也將破位下行。

(2) **持續下行階段**：經第一階段的空方力量積累之後，由於宏觀經濟面不穩、企業獲利能力不如預期的好，或是出現整體性下滑，大量的賣盤開始加速賣出。

　　在這一階段，股市的不斷下跌是源於賣壓不斷，而買盤則多處於觀望狀態，無意入場。對於這種市況，我們可借助量價配合關係來理解。在此階段往往會看到價量齊升的形態，正是賣盤不斷湧出，但買盤沒有承接意願的體現。一般來說，此階段的跌幅往往十分驚人，前期牛市的成果，往往會跌去一半以上。

(3) **探底階段**：此階段往往與上升趨勢的第一階段「築底階段」交織在一起。此時出現在下跌趨勢末期，是股市見底前的下探階段，也是空方力量的最後一次集中釋放。此時市場雖然仍彌漫著悲觀情緒，但股市的整體估值狀態卻十分低，且前期的持續下跌，也對空方力量進行了較充分的釋放。當前的這一次探底，多源於偶然性的利空消息。

5. 成交量可以有效驗證趨勢的運行

　　成交量是最為重要的一種盤面數據，它的主要作用是體現買盤的介入力道，或賣盤的湧出力道，而買賣盤力量的變化情況，正是趨勢運行的動力所在。因而，成交量可以用於驗證股市的趨勢運行情況。在不同的趨勢運行狀態下，量能會呈現出一些典型的形態。透過量能形態的變化，再結合價格的整體走向，就更能把握市場節奏的變化，從而準確揭示出趨勢運行情況。

　　如圖 2-5 為上證指數 2006 年 9 月至 2007 年 6 月期間走勢圖，股市在此期間處於明確的上升趨勢，而期間的成交量也隨著指數節節攀升而不斷上揚，呈現出一種價與量齊升的形態。這種量價齊升的形態，正是上升趨勢中最典型的量能形態，它說明市場買盤充足，是升勢穩健可靠且將持續下去的訊號。透過這種典型的量能形態，我們就更能識別出當前的趨勢運行情況。

　　圖 2-6 為上證指數底部區放量形態示意圖，如圖中標注所示，股市在經歷了長期下跌之後，在低位區出現止跌走勢。如果僅憑 K 線走

▲ 圖 2-5　上證指數 2006 年 9 月至 2007 年 6 月期間走勢圖

勢，我們難以判斷這究竟是下跌途中的整理平台還是底部區。但是結合量能形態的變化，我們能得出較為準確的結論，這就是底部區。因而，利用成交量，我們可以有效地檢查趨勢運行情況，從而為實盤操作提供依據。

6. 一輪趨勢具有極強的持續力，直至反轉訊號出現時

趨勢的運行方向不會突然轉變，一輪趨勢從誕生、形成到發展，是一個運行過程，也具有極強的持續力，不會在中途突然轉向，因此，盲目地預測頂部與底部並不可取。但一輪趨勢也有終結的時候，在趨勢即將轉向時，並不是毫無徵兆的，而是有明確的反轉訊號，依據反轉訊號，我們還是可以有效地把握底部與頂部。

從股市的實際運行方式來看，預示著一輪趨勢結束或即將結束的反轉訊號有很多種。例如：上升趨勢末期經常出現的量價背離形態、經典的頂部 K 線組合形態等；下跌趨勢末期經常出現的量能溫和放大形

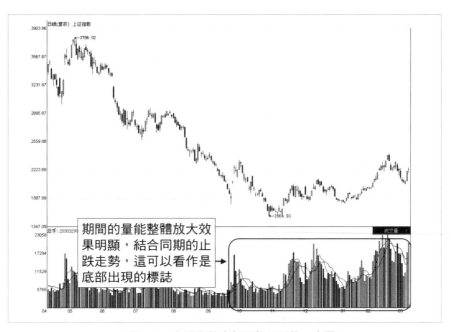

▲ 圖 2-6　上證指數底部區放量形態示意圖

態、經典的底部 K 線組合形態等，都屬於明確的反轉訊號。

　　這一點也可以說是道氏理論的所有內容中，與實盤操作最緊密相關的。它指出：我們不應希冀自己成為市場的超人，而應客觀觀察市場所發出的各種訊號，並以此來判斷趨勢是否見頂或見底，才能進行順勢而為的操作，不至於在上升趨勢中過早賣出，或是在下跌途中過早抄底入場。

　　圖 2-7 為上證指數 2007 年 9 月至 2008 年 6 月期間走勢圖，股市在2008 年開始步入下跌趨勢中。如圖中標注所示。當股市運行至 2008 年6 月份時，雖然相對於前期最高點位，已有 50% 的跌幅，但此時出現的短暫整理走勢，從技術面來看並不是預示著底部出現的反轉性訊號，因此不宜抄底入場。如果此時買入的話，之後迎接我們的，將是另一波50% 的下跌走勢。

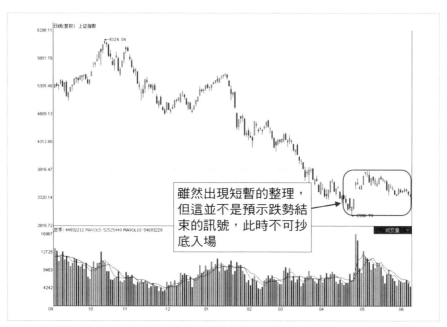

雖然出現短暫的整理，但這並不是預示跌勢結束的訊號，此時不可抄底入場

▲ 圖 2-7　上證指數 2007 年 9 月至 2008 年 6 月期間走勢圖

2.1.4 道氏理論也可用來分析個股

　　道氏理論雖然是以股票市場的走向，來作為研究對象，但並不妨礙此理論的「通用性」，其所闡述的趨勢運行規律，同樣適用於分析個股的走勢。「趨勢運行規律」是金融市場的客觀規律，它不僅體現於股市走向，同樣也體現在個股走向上。

　　圖 2-8 為哈投股份 2005 年 12 月至 2008 年 11 月期間走勢圖，此股在長達三年的時間裡，經歷了一個上升趨勢、一個下跌趨勢，這兩個基本趨勢的表現形式是十分鮮明的，正是趨勢運行規律在個股身上的完美體現。

　　對於此股來說，當我們身處個股走勢中，由於其上升趨勢的運行較為流暢，方向感明確，因而較好識別；而下跌趨勢由於其運動方式是一

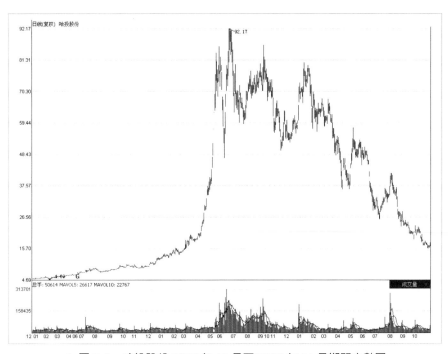

▲ 圖 2-8　哈投股份 2005 年 12 月至 2008 年 11 月期間走勢圖

波三折的，相對來說較難識別。但如果我們能從宏觀的角度，深刻領會到趨勢運行的本質，在實盤操作中，還是可以及時、準確地辨識出它的趨勢運行情況。

2.2

【波浪理論】告訴你：股價的波動，有一套「自然的規律」

　　道氏理論詳盡論述了股市趨勢運行的規律，而「趨勢」正是技術分析的核心要素。基於道氏理論所打下的良好基礎，其他各種技術分析思想、技術分析方法也紛紛出現。其中，波浪理論（Wave Theory）是繼道氏理論之後最為著名的一種。

　　道氏理論雖然闡明趨勢運行規律，並沒有論述趨勢運行的細節，投資人可以借助道氏理論理解趨勢運行規律，卻難以用其掌握趨勢運行。波浪理論正是在此基礎之上而展開的，其以道氏理論為基礎，進一步論述趨勢的具體運行方式。

2.2.1 波浪理論是什麼？

　　波浪理論也稱為「艾略特波段理論」，它是美國證券分析家拉爾夫・納爾遜・艾略特（R.N.Elliott）研究道瓊工業指數走勢後，所提出的形態類理論。經由對道瓊工業指數走勢的研究，艾略特發現股市的走勢呈現「自然的韻律」，形態如同大海中此起彼伏的波浪，且這些波浪的運動形態是有其客觀性的。為了揭示這種隱藏在價格走勢下的「內在規律」，艾略特花十年潛心研究，完善了此一具有基石意義的技術分析理論。

波浪理論認為，金融市場中的價格波動形態（無論是期貨市場，還是股票市場）都呈現波浪運動方式，一浪跟著一波，週而復始，具有相當程度的規律性。艾略特精煉出市場的 13 種形態（Pattern），在市場上這些形態重複出現，但出現的時間間隔及幅度大小，並不一定具有再現性。而後他又發現了這些呈結構性形態的圖形，可以連接起來形成同樣形態的更大圖形。因此提出一系列權威性的演繹法則用來解釋市場行為，並特別強調波動原理的預測價值，這就是久負盛名的「艾略特波段理論」，又稱「波浪理論」。

波浪理論認為，股市的上升趨勢與下跌趨勢是交替出現的，一個大的升勢之後，將會出現一個大的跌勢。股市運行形態是以「波浪」的方式呈現出來的，其中，推動浪與調整浪是最為基本的兩種波型。波浪可以拉長，也可以縮短，但其基本形態永恆不變，市場會依照其基本形態發展，時間的長短並不會使其改變。推動浪是與趨勢運行方向一致、規模較大的浪；而調整浪的規模相對較小，且與趨勢運行方向相反。

波浪理論的核心內容，體現於一輪完全牛熊交替走勢的運行形態描述上，波浪理論認為：「5 升 3 降的 8 浪運行方式構成一個完整的循環」，其中上升趨勢含 5 個浪，下跌趨勢含 3 個浪。

2.2.2 一個完整的趨勢有 5 升 3 降

波浪理論認為，一個完整的牛熊交替走勢，是以 5 升 3 降的 8 浪運行方式呈現。這是波浪理論的核心內容，也是我們學習波浪理論的重點。圖 2-9 為 5 升 3 降的 8 浪運動形態示意圖。其中前 5 浪代表上升趨勢，後 3 浪則代表下跌趨勢。

從圖中可以看出，其中第 1 浪至第 5 浪所累積的上漲幅度，要相應地高於第 a 浪至第 c 浪累積的下跌幅度，這與波浪理論的一條前提假設有關——人類社會是永遠向前發展的。此假設應用於金融市場，就體現為「上升趨勢的累計漲幅，要大於下跌趨勢的累計跌幅。」

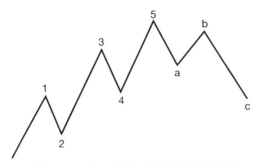

▲ 圖 2-9　5 升 3 降的 8 浪運動形態示意圖

　　理解了這 8 浪的運行過程，便更能掌握趨勢運行細節，下面我們就來看看這 8 個浪所代表的市場含義：

　　第 1 浪：屬於營造底部形態的一浪，常出現在底部盤整之後。此時，市場中多方力量還不是很強勁，空方卻已開始處於劣勢。由於第 1 浪往往出現在深幅下跌後的低位區，市場中仍彌漫著空頭氛圍。因此大多數投資人並不會馬上意識到上升波段已經開始，往往誤將其看作是下跌途中的反彈上漲走勢，從而進行「逢高」賣股操作，這使得第 1 浪的上漲幅度相對較小，而隨後的回檔幅度很深。從股市的走勢上來看，第 1 浪的持續時間也較短。

　　第 2 浪：這是對第 1 浪的整理，此時市場的做多動能尚未有效聚集，這就使得第 2 浪具有較大的殺傷力，實際走勢中整理幅度也較大。但一般來說，它不會整理到第 1 浪上漲之初的位置。

　　第 2 浪的特點是成交量逐漸萎縮，波動幅度漸漸變窄，反映出賣盤壓力逐漸衰竭。第 2 浪與第 1 浪均可視作營造底部的波浪，這兩個浪往往會組合成一些經典的底部 K 線形態，如頭肩底、雙重底等。

　　第 3 浪：屬於上升趨勢的主推動浪，也是上升趨勢中最具爆發性的一浪，它的漲勢最凌厲，上漲幅度往往也是最大。經過第 1 浪的突破上衝、第 2 浪的回檔整理，多方力量再度進一步匯聚。在第 3 浪中，隨著指數不斷上漲、市場人氣不斷恢復，此時多方已完全佔據市場的主導地

位，在加速湧入的買盤資金推動下，股市開始向上快速運行。第 3 浪在發展過程中，在圖形上常常會出現勢不可擋的跳空缺口向上突破，給人一種突破向上的強烈訊號。

除此之外，我們還可以經由盤面形態，來識別第 3 浪的出現。一般來說，在第 3 浪運行過程中，往往會出現典型的「量價齊升」形態，這是市場買盤極其強勁、股市上漲動力充足的表現，也是上升趨勢正處於加速階段的表現。

圖 2-10 為上證指數 2006 年 2 月至 2007 年 11 月期間走勢圖。如圖中標注所示，當股市運行至第 3 浪時，可以看到指數的上漲走勢氣勢如虹，且同期的量價齊升配合形態也十分鮮明。這些盤面形態，都是幫助我們識別第 3 浪的重要依據。

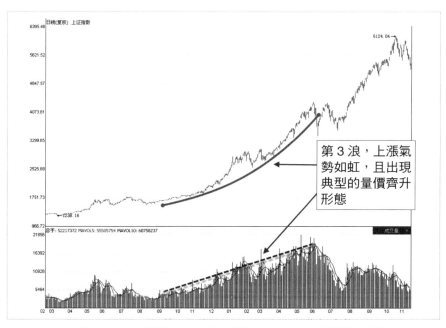

▲ 圖 2-10　上證指數 2006 年 2 月至 2007 年 11 月期間走勢圖

　　第 4 浪：這是行情大幅漲升後的調整浪。由於第 3 浪過於快速上漲，且上漲幅度過大，勢必使股市積累較多的獲利盤，這些獲利賣壓得不到有效的釋放，股市的上升趨勢就會阻力重重、難以為繼，第 4 浪的出現正是源於此。一般來說，第 4 浪的運行結束點較難預見。同時投資人應記住，第 4 浪的浪底，不允許低於第 1 浪的浪頂。

　　第 5 浪：在股市的趨勢運行中，第 5 浪是三大推動浪之一，但其漲幅在大多數情況下比第 3 浪低。第 5 浪的特點是市場人氣較為高漲，往往樂觀情緒充斥整個市場。但由於此時的市場買盤已經出現相對不足，因此第 5 浪的上漲走勢雖然迅急，卻很難看到預示著多方力量強勁、買盤充足的「量價齊升」形態出現，取而代之的是「量價背離」形態[註]。這種量價背離形態正是買盤趨於枯竭、升勢即將見頂的明確訊號。

　　圖 2-11 為上證指數 2006 年 4 月至 2007 年 10 月期間走勢圖。如圖中標注所示，在持續上漲後，股市進入第 5 浪，雖然此時的上漲走勢依舊迅急，但已出現預示頂部的反轉訊號。對於本例來說，此反轉訊號就是「量價背離形態」。

　　a 浪：a 浪是緊隨著第 5 浪產生，雖然此浪的整理幅度相對較大，但由於它的前期走勢是令人驚喜的大牛市行情，因此很多投資人毫無防備之心，只將其看作為一個短暫的整理。但在此浪中，空方力量已開始逐步佔據市場主導地位，空方力量也正在積累。

　　b 浪：b 浪是 a 浪過後的一個小反彈浪，此浪很容易讓投資人誤以為是新一輪創新高走勢即將展開的訊號，從而買股入場。事實上這只是一個「多頭陷阱」，由於市場此時的估值狀態已經過高，買盤也趨於枯竭，因此股市是難以再度突破上行的。

註：在大幅上漲後的高位區，雖然價格走勢在一波快速上漲中又創出了新高，但這一波上漲走勢的平均成交量，卻明顯地小於前期上漲走勢的均量

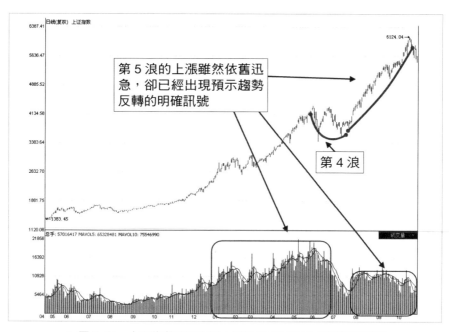

第 5 浪的上漲雖然依舊迅急，卻已經出現預示趨勢反轉的明確訊號

第 4 浪

▲ 圖 2-11　上證指數 2006 年 4 月至 2007 年 10 月期間走勢圖

　　在實盤走勢中，b 浪的反彈上漲會引發量能的相對放大，但如果對比第 3 浪或第 5 浪的量能，b 浪的量能就顯得較小，這正是市場買盤資金趨於枯竭的表現形式。

　　c 浪：緊隨著 b 浪而後的是 c 浪，由於 b 浪的完成，頓使許多市場人士開始醒悟前期的牛市行情已然結束，期望繼續上漲的希望徹底破滅。此時，持股者手中的籌碼不再穩定，有較強的賣股意願，場外買盤也不願高位接盤，市場觀望氣氛濃重。因外界的利空消息或是某些大型機構的拋售，市場賣盤開始大量地湧出，大盤開始全面下跌，從性質上看，其破壞力較強。

　　圖 2-12 為上證指數 2005 年 8 月至 2008 年 11 月期間走勢圖，長達三年多出現了一輪牛熊交替走勢，正是以「5 升 3 降」的 8 浪運行方式呈現出來的。如果我們能充分理解並掌握波浪理論，就可以在趨勢運行

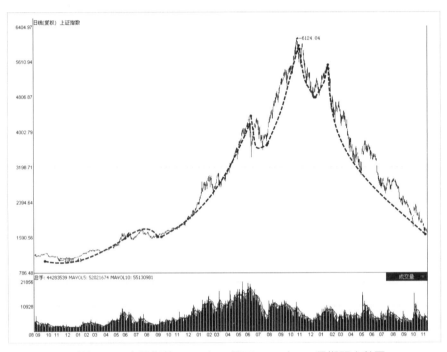

▲ 圖 2-12 上證指數 2005 年 8 月至 2008 年 11 月期間走勢圖

過程中，及時準確地識別市場當前處於何種狀態，從而為實盤操作打下基礎。

2.2.3 學會數「浪」很重要

波浪理論的內容並不難理解，但想運用波浪理論來分析股市運行情況，卻有難度。在股市的運行過程中，價格走勢並非是以涇渭分明的一浪又一浪呈現出來的，往往是大浪套小浪、小浪套細浪，使數浪的難度大增。因此想要運用好波浪理論，就要學會如何數浪，以下是艾略特總結出來的數浪規則。

- 第 3 浪永遠不能是前 5 浪中最短的一浪。一般而言，第 3 浪是整個上升趨勢中持續時間最長、上漲幅度最大的一浪。利用此原則，我們更能掌握好第 3 浪。

- 第 4 浪的底部不能低於第 1 浪的頂部。這一規則可以幫助我們有效識別何為第 4 浪，也可以看清上升趨勢所處的位置區間。

- 交替規則。相同方向的兩個浪，其形態的構造是簡單與複雜交替出現。例如，第 2 浪若以簡單的形態出現，則第 4 浪多數會以較複雜的形態出現；第 1 浪若以簡單的形態出現，則第 3 浪多數會以較複雜的形態出現。

- 延長規則。1、3、5 浪中只有一浪延長，其他兩浪長度和執行時間相似。

2.3
【箱型理論】告訴你：看懂這個「箱子」，就不會錯過高點 & 低點

　　箱型理論是由達韋斯‧尼古拉（Darvas Nicola）在美國證券市場投資過程中，所創造的一種理論。

　　達韋斯‧尼古拉是一位傳奇人物，他在短短的 3 年時間裡，就利用手中的 3 千美金本金賺得 2 百萬美金，箱型理論即是他總結自己的買賣方法，而得出的一套實戰性理論。其操作方法完全是建立在**趨勢**發展方向上的，因此達韋斯‧尼古拉的成功，也從某種角度驗證了「趨勢」此客觀規律的存在。

2.3.1 箱型理論是什麼？

　　所謂箱型，是指股票在運行過程中，形成一定的價格區域，即股價是在一定的範圍內波動，而形成一個股價運行的箱型。達韋斯‧尼古拉認為，價格走勢是以箱型運行的方式呈現出來的，當價格上升到箱型的頂部時，會受到賣盤的壓力；而當價格滑落到箱型的底部時，會受到買盤的支撐。

　　一旦價格走勢有效突破原箱型頂部或底部，價格就會進入一個新的箱型裡運行。而原箱型的頂部或底部，將成為重要的支撐位和阻力位。

　　圖 2-13 標示了升勢中的價格走勢，是如何以箱型的方式實現運行。圖2-14標示了跌勢中的價格走勢，是如何以箱型的方式實現運行。圖2-15標示了盤整趨勢中價格走勢，是如何以箱型的方式實現運行。

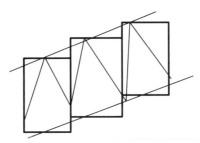

▲ 圖 2-13　升勢中箱型運行方式

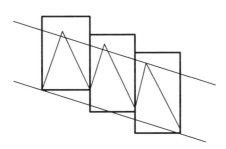

▲ 圖 2-14　跌勢中箱型運行方式

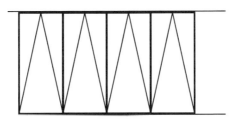

▲ 圖 2-15　橫盤中箱型運行方式

2.3.2 怎麼運用箱型理論在交易上？

箱型理論所闡述的內容較簡單，讀者也很容易理解，那麼在實盤操作中，我們應如何利用此理論來指導交易呢？利用箱型理論進行交易，其關鍵之處就在於，價格走勢是否能突破原有的箱型區域。

在價格走勢震盪上行的過程中，若價格走勢在一波上漲中創出新高，則往往預示著升勢仍沒有結束。此時，我們可以在價格隨後的回檔過程中逢低買入。在價格走勢震盪下行的過程中，若價格走勢在一波下跌中創出新低，則往往預示著跌勢仍沒有結束。此時，如果我們參與短期反彈操作，則應在隨後的反彈走勢中逢高賣出。

圖 2-16 為大橡塑 2008 年 10 月至 2009 年 8 月期間走勢圖，個股

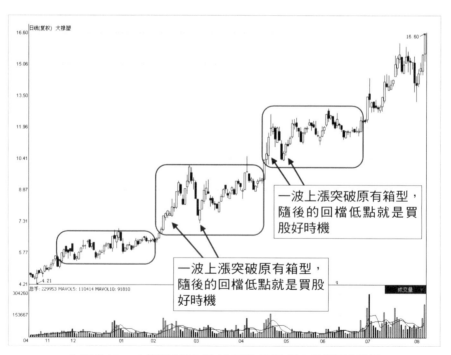

▲ 圖 2-16　大橡塑 2008 年 10 月至 2009 年 8 月期間走勢圖

在此期間處於震盪上揚走勢，在實戰中往往很難把握這種整體上行的趨勢運行。但利用箱型理論的操作方法，我們可以很容易去掌握買點出現的時機。如圖中標注所示，當個股在一波上漲走勢中創出了新高，這意味著升勢仍將持續下去，此時我們不妨在個股隨後回檔時的階段性低點買股入場，以分享升勢的成果。

圖 2-17 為華麗家族 2008 年 10 月至 2009 年 7 月期間走勢圖，如圖中標注所示，當個股因一波上漲走勢而突破原有箱型上沿後，預示著升勢仍將持續下去，此時，個股回檔後的階段性低點，均是較好的中短線買股點。

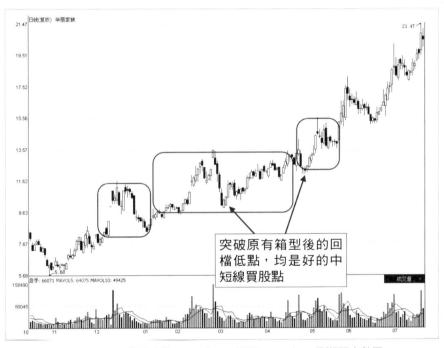

▲ 圖 2-17　華麗家族 2008 年 10 月至 2009 年 7 月期間走勢圖

　　圖 2-18 為 ST 珠江 2008 年 11 月至 2011 年 3 月期間走勢圖。此股在快速上漲後的高位區，出現持續的震盪走勢，但是在震盪走勢過程中，個股卻難以有效突破原有箱型上沿，這是前期升勢結束的標誌之一。在實盤操作中，此時就不宜再做中長線的持股待漲操作，而應逢高賣股離場。

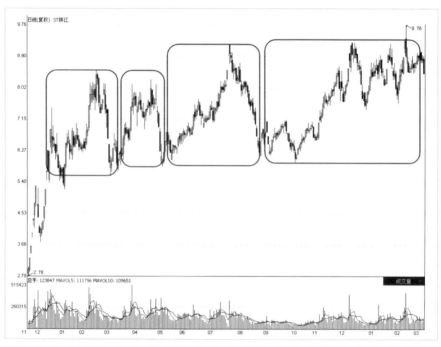

▲ 圖 2-18　ST 珠江 2008 年 11 月至 2011 年 3 月期間走勢圖

　　圖 2-19 為東睦股份 2008 年 1 月至 11 月期間走勢圖，如圖所示，個股在此期間處於震盪下降走勢，在實戰中往往很難掌握這種整體下行的趨勢運行。但利用箱型理論的操作方法，我們則很容易掌握賣點出現的時機。

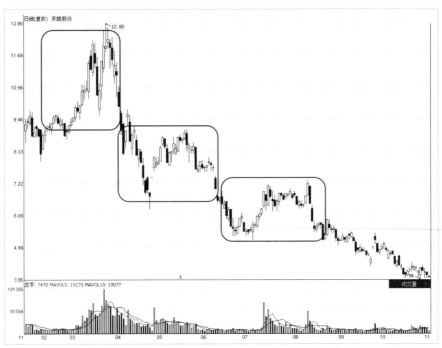

▲ 圖 2-19　東睦股份 2008 年 1 月至 11 月期間走勢圖

　　如圖中標注所示，當個股在一波下跌走勢中創出新低，這意味跌勢仍將持續下去，此時不妨在個股隨後反彈時的階段性高點賣股離場，規避熊市持續運行所帶來的風險。

2.4
【量價理論】告訴你：成交量的變化，就是股價變化的前兆

成交量蘊含豐富的市場訊息，美國著名投資專家格蘭維爾（Joseph E.Granville）說：「成交量是股票的元氣，而股價是成交量的反映罷了，成交量的變化，是股價變化的前兆。」[註]格蘭維爾極為重視成交量的作用，他系統性地歸納出 8 種最為常見的量價配合關係，這 8 種量價配合關係，也就是我們常說的「量價理論」。

2.4.1 量價持續上升的「量價齊升形態」

量價齊升形態是指：在震盪上揚的上升途中，隨著價格走勢在一波上漲中創出新高，這期間的成交量也同步創出新高，呈現出價格不斷創出新高、量能也不斷放大的形態。這一量價配合關係，多出現在上升趨勢的主升段階段，它是市場買盤充足、升勢仍將持續的標誌，此時我們宜持股待漲。

註：美國投資專家格蘭威爾（又譯為葛蘭碧），他是移動平均線、格蘭威爾 8 大法則的創立者，也是第一位提出量價理論者。

　　圖 2-20 為東風科技 2006 年 8 月至 2007 年 5 月期間走勢圖，如圖中箭頭標注所示，隨著此股步入升勢，在其快速上揚階段，可以看到隨著價格走勢不斷創出新高，其量能也同步不斷放大。這種價與量齊升的形態，就是量價齊升形態。

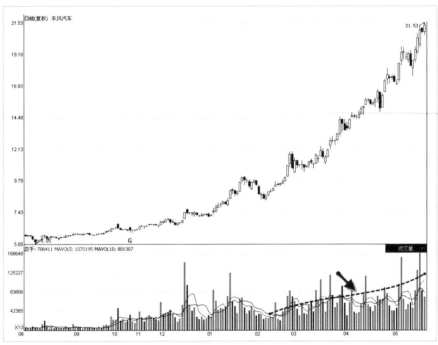

▲ 圖 2-20　東風科技 2006 年 8 月至 2007 年 5 月期間走勢圖

2.4.2 價格創新高，量相對縮小的「量價背離形態」

　　量價背離形態是指：在持續上漲後的高位區，個股在一波上漲走勢中創出新高，但這一波上漲走勢中的成交量，卻明顯小於前期上漲走勢時的量能，即價格創新高時，成交量卻相對縮小。

　　量價背離形態，多出現在持續大漲之後的高位區，是多方力量趨於

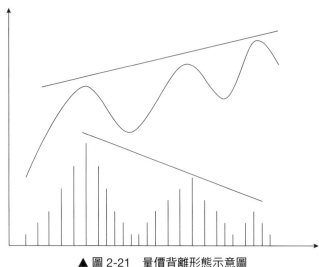

▲ 圖 2-21　量價背離形態示意圖

不足、上升趨勢難以為繼的訊號。在實盤操作中，如果個股在量價背離形態中的一波上漲走勢較為迅急，這有可能是上升趨勢末期的最後一波衝刺，既預示著頂部的出現，也是中長線逢高賣股的訊號。圖 2-21 為量價背離形態示意圖。

　　圖 2-22 為華夏銀行 2006 年 8 月至 2007 年 10 月期間走勢圖，如圖中標注所示，此股在大幅上漲後的高位區間，再度出現一波快速上漲走勢。

　　雖然這一波上漲走勢較為迅急且創出新高，給人一種升勢凌厲的感覺，但是同期的成交量卻明顯小於前期主升段，這就是預示頂部即將出現的量價背離形態。

　　這種形態說明市場多方推動力已經大幅減弱，升勢的根基不再牢靠，此時，我們應在個股的快速上漲走勢中逢高賣股。圖 2-23 標示了此股 2007 年 10 月之後的走勢情況。

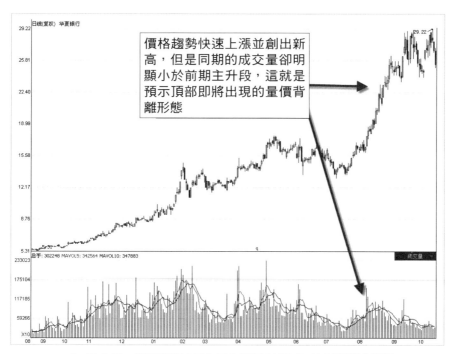

價格趨勢快速上漲並創出新高，但是同期的成交量卻明顯小於前期主升段，這就是預示頂部即將出現的量價背離形態

▲ 圖 2-22　華夏銀行 2006 年 8 月至 2007 年 10 月期間走勢圖

▲ 圖 2-23　華夏銀行 2007 年 10 月至 2008 年 10 月期間走勢圖　　　63

2.4.3 價格上升，量卻降低的「價升量減形態」

價升量減形態是指：在價格走勢的一波上漲階段，成交量起初很大，但隨著這一波上漲走勢的持續，成交量卻不斷縮小，呈現出「價在不斷上升、量在不斷降低」的配合關係。

一般來說，這一量價配合關係相對少見，它更常見於個股因利多消息而突然性地放量上漲，但追漲買盤卻逐漸減弱的市況，這種形態主要用於指導短線賣股操作。

圖 2-24 為美克股份 2009 年 4 月 7 日至 2009 年 9 月 2 日期間走勢圖，如圖中標注所示，此股在一波快速上漲走勢中。雖然其價格走勢呈突破盤整區的良好形態，但這一波上漲走勢的成交量卻與眾不同，呈現出明

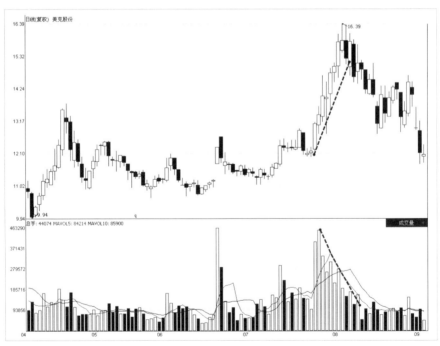

▲ 圖 2-24　美克股份 2009 年 4 月 7 日至 2009 年 9 月 2 日期間走勢圖

顯的價升量減形態。這種形態是無法保證個股突破成功的，也是一波短期跌幅整理走勢即將展開的訊號。在實盤操作中，此時不宜戀戰，可積極進行短線賣股操作。

2.4.4 井噴後的量能快速萎縮形態

井噴後的量能快速萎縮形態是指：個股起初是較為穩健的緩慢攀升，但隨後卻在相對高位區出現價格上漲走勢加速、成交量急劇放大的量價井噴走勢，之後價格急速上漲勢頭結束，成交量也大幅度萎縮。

圖 2-25 為保稅科技 2008 年 12 月至 2009 年 8 月期間走勢圖，如圖中標注所示，此股在上升途中，出現一波量價井噴的走勢，這是多方力

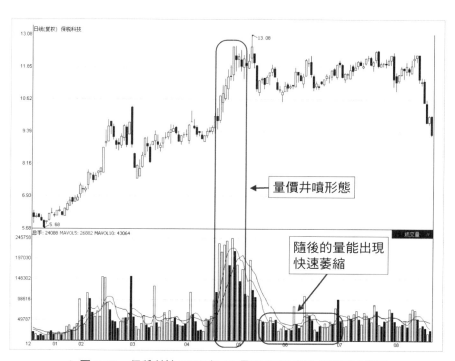

▲ 圖 2-25　保稅科技 2008 年 12 月至 2009 年 8 月期間走勢圖

量短期內集中釋放的標誌，也預示多方力量隨後的推升力將大大減弱。隨後，此股的量能明顯萎縮，這是買盤資金明顯減少、多方力量無法有效跟進的標誌。

結合此前的量價井噴形態，我們可以預測階段性的整理走勢即將展開。由於此時的個股累計漲幅並不是很大，因此這種量價配合形態，只適合進行短線賣股操作，從中長線的角度來看，仍應遵循個股的趨勢發展軌跡。

2.4.5 量放大但價格無力的「放量滯漲形態」

放量滯漲形態是指：在一波上漲走勢中的階段性高點，個股的成交量出現明顯的放大，但同期的價格走勢無力上漲，呈現出明顯的滯漲。

放大的成交量無法有效推動價格走勢上漲，那麼它必然表示市場賣壓沉重，因此這種形態多預示短期內，將有跌幅整理走勢出現，此時宜進行短線賣股操作。

圖 2-26 為榮華實業 2009 年 12 月至 2010 年 7 月期間走勢圖，此股在一波反彈上漲走勢中，出現成交量大幅度放出，但價格的反彈走勢卻綿軟無力的形態，這是典型的放量滯漲形態。它提醒我們個股短期內的市場賣壓極為沉重，是反彈上漲走勢難以持續下去的徵兆。此時，應進行短線賣股操作，不宜戀戰。

▲ 圖 2-26　榮華實業 2009 年 12 月至 2010 年 7 月期間走勢圖

2.4.6 低位區的放量下跌形態

　　在深幅下跌後的低位區，此時市場處於空方主導地位，但前期的大幅下跌，已消耗掉許多市場的空方力量，此時股市或個股又再度因某一利空消息，而出現一波放量下跌走勢。

　　一般來說，這一次的放量下跌，可以看作市場空方力量的最後一次集中釋放，而它的出現，也預示底部區將出現，隨後是可以買股入場的時機。

　　圖 2-27 為柳工 2008 年 2 月 26 日至 2008 年 11 月 4 日期間走勢圖，此股在持續下跌後的低位區，再度出現一波明顯的放量下跌走勢，這是對市場中殘餘空方力量的一次集中釋放，也預示底部將出現的訊號。事

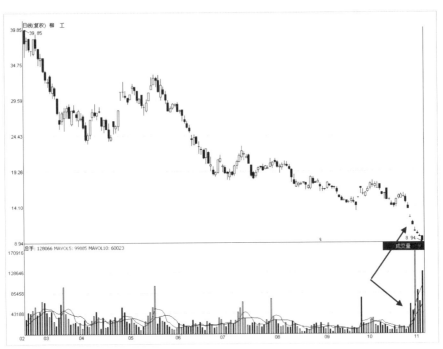

▲ 圖 2-27　柳工 2008 年 2 月 26 日至 2008 年 11 月 4 日期間走勢圖

後證明，此股的這一波放量下跌，確實準確預示了底部的出現，是下跌趨勢結束的訊號。

2.4.7 近期低點的再度縮量形態

　　近期低點的再度縮量形態是指：個股在持續下跌後的低位區出現止跌震盪走勢，或是在上升途中出現滯漲的震盪走勢，當個股在震盪走勢中第二次下探到震盪區的低點位置時，出現明顯的相對縮量形態（相對於第一次下探到這一低點時的成交量而言）。

　　這種形態可以看作是階段性的空方賣壓大幅減弱訊號，預示短期內將有反彈走勢出現，也就是短線買股入場的訊號。如果此形態出現在長

期下跌後的低位區，則這種「近期低點的再度縮量形態」還可以看作是底部出現、新一輪上升行情即將展開的訊號。

　　圖 2-28 為雙環科技 2010 年 11 月 30 日至 2011 年 6 月 3 日期間走勢圖。此股在上升途中出現寬幅震盪的走勢，並且在寬幅震盪的過程中，出現此種近期低點再度縮量的形態（如圖中箭頭標注所示），此時可以進行短線買股操作。

▲ 圖 2-28　雙環科技 2010 年 11 月 30 日至 2011 年 6 月 3 日期間走勢圖

2.4.8 高點放量破中期均線形態

　　在持續上漲後的高位區，若個股出現放量跌破中期均線的形態，說明市場賣壓已使反轉走勢一觸即發，此時是我們應選擇中期賣股離場的

時機。圖 2-29 為一汽轎車 2009 年 6 月至 2010 年 4 月期間走勢圖，此股在持續上漲後的高位區出現放量下跌的形態。

如圖中箭頭標注所示，在放量下跌過程中，30 日均線被明顯跌破，這是多方力量不再佔據主導地位的表現，也是空方開始全面反攻的訊號。由於此股前期累計漲幅巨大，因此這是預示頂部出現的訊號，此時宜賣股離場。

格蘭維爾所歸納的這 8 種量價配合關係，是最為常見的形態，由於它在實盤操作中經常用到，實用性極高，因此受到股市技術分析者的歡迎，被稱為經典的量價分析理論。

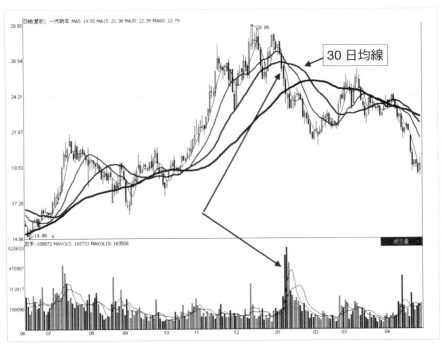

▲ 圖 2-29　一汽轎車 2009 年 6 月至 2010 年 4 月期間走勢圖

2.5

【亞當理論】告訴你：做到「順勢而為」，就能高獲利、低虧損

　　著名的技術分析大師威爾德（J.W.Wilder），創設了很多種技術分析指標，例如：PAR、拋物線、動量線（MOM）、搖擺指數、市價波幅等，這些技術分析指標即使在今天，看來也依然具有實戰意義。但隨後情況出現轉變，威爾德在後期所發表的文章中，推翻了這些分析工具的好處，取而代之的是推出另一套嶄新理論，這一嶄新的理論就是「亞當理論」。

　　在推翻自己原有技術分析理論的基礎之上，推出另一個嶄新的投資理論，威爾德於 1978 年發明了著名的強弱指數 RSI，後來還發明了其他分析工具。

　　但是很顯然，威爾德後期對於證券市場的認識出現轉變，他認為任何一套分析工具都有自身缺陷，難以適應變化不定的股市走向。如果技術分析工具真的可以行之有效地預測證券市場走勢，那麼現有的技術分析工具已經足夠用了。然而實際情況是，很多投資人在運用這些技術分析工具做交易後，仍出現重大的虧損。

　　亞當理論的精義是，沒有任何分析工具可以絕對準確地推測市場走向。亞當理論的精神，就是教導投資人要放棄所有主觀的分析工具，在市場生存就要適應市勢，順勢而行。

　　當上升趨勢出現後，我們就應做多；反之，當下跌趨勢出現後，我

們則不宜入場。這其中的奧妙就在於：升勢時，升完可以再升；跌勢時，跌完可以再跌。我們難以提前預知升勢何時完結，只有順勢而行，才能最大限度地獲利，並最大地減少虧損。

　　有的時候，一種理論越是看起來簡單，它就越是實用，並且往往越接近於客觀事實，亞當理論無疑就是這樣一種的理論。可以說，亞當理論談的是事物的根本道理，只討論什麼事發生，它是最純粹、最簡單，也最容易運用在市場上操作獲利的方法，「順勢而為」就是亞當理論的核心。

2.6

【江恩理論】告訴你：只會技術分析不夠，還要有這些心理素質……

　　威廉・江恩（Willian D.Gann）是期貨市場的傳奇人物，20 世紀最著名的投資家之一，他結合股票和期貨市場上的傲人成績和寶貴經驗，把時間與價格進行完美結合，研究出江恩理論。江恩理論是以研究測市為主，經由數學、幾何學、宗教、天文學的綜合運用，建立了獨特的分析方法和測市法則。

　　江恩理論認為股票、期貨市場裡，也存在宇宙中的自然規律，市場的價格運行趨勢不是雜亂的，而是可經由數學方法預測的。江恩理論的實質是，在看似無序的市場中建立了嚴格的交易秩序。江恩理論中的測市法則主要包括：週期循環法則、百分比回檔法則、共振法則等，將於本節中一一解說。

　　除此之外，江恩還十分注重交易之道，他結合征戰股票、期貨市場的經驗，系統性地歸納出投資人虧損的原因、投資人應具備的素質以及交易之道。

2.6.1 價格的循環週期有 3 種

　　循環法則主要用於，揭示股票市場價格走勢所存在的週期循環特點。江恩理論依據時間長短，將循環週期劃分為 3 類，即：短期循環、

中期循環、長期循環。循環週期就是指一輪走勢中，價格高點與價格低點之間的時間跨度。

- 短期循環：1 小時、2 小時、4 小時……18 小時、24 小時、3 週、7 週、13 週、15 週、3 個月、7 個月。
- 中期循環：1 年、2 年、3 年、5 年、7 年、10 年、13 年、15 年。
- 長期循環：20 年、30 年、45 年、49 年、60 年、82 或 84 年、90 年、100 年。

10 年此一時間週期，在江恩理論中具有重要的意義，他認為 10 年週期可以再現市場的循環，即：當一個新的歷史高點出現之後，要過 10 年才能再出現一個新的歷史低點；反之，當一個新的歷史低點出現之後，一個新的歷史高點 10 年之後才會出現。

但在實際應用中，10 年的時間跨度無疑太長，我們可以重點關注短期循環中的 3 個月、7 個月，及中期循環中的 1 年、2 年。

2.6.2 價格變動後的 3 個回檔位置

江恩理論認為，當價格上漲或下跌一定幅度時，就會出現相對規模較大的回檔走勢[註]。經過實踐摸索，江恩理論認為：50%、63%、100% 這 3 個位置，是最有可能出現回檔的位置。

例如，對於 50% 這個位置，它是指：在一輪漲勢或跌勢開始之後，股市或個股當其上漲或下跌 50% 時，此時的股市或個股最容易出現折

註：此處所謂的回檔，主要是指上升趨勢中的回檔下跌、下跌趨勢中的反彈上漲，其性質屬於折返走勢。

返走勢。如果在 50% 這個位置沒有出現折返走勢的話，那麼在隨後的
63% 這個位置，出現折返走勢的機率就會更大。由於股市的實際走勢
並非嚴格的數學模型，因此我們在預測回檔走勢時，應該留有餘地。

　　圖 2-30 為上證指數 2006 年 12 月 13 日至 2007 年 6 月 5 日期間走
勢圖。如圖中標注所示，股市在一波快速上漲走勢中，其起始點位在
2800 附近，回檔點位在 4300 附近，兩者相差的幅度正好接近 50%，這
與江恩回檔法則所論述的內容正好相符。因此江恩的百分比回檔法則，
對我們的實盤操作具有重要指導意義。

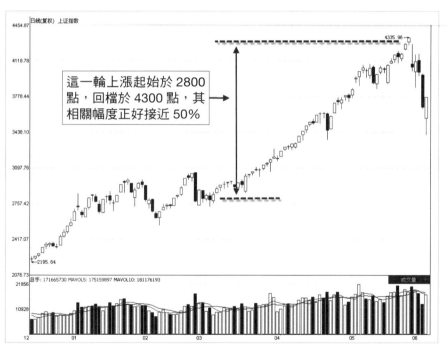

▲ 圖 2-30　上證指數 2006 年 12 月 13 日至 2007 年 6 月 5 日期間走勢圖

2.6.3 股市中也會出現「共振」現象

「共振」是物理學所描述的一種現象，它是指：一個物理系統在特定頻率下，以最大振幅振動的情形。什麼時候會出現共振呢？當系統受外界激勵，強迫振動時，若外界激勵的頻率接近系統頻率，強迫振動的振幅可能達到非常大的值，此時就會出現共振。

共振使物體的振盪幅度遠遠超過平常水準。江恩認為，股市中同樣存在這種共振現象，正是由於出現這種共振，我們才會看到股市的大起大落，往往超出人們的預期。

江恩理論中歸納出以下幾種可能出現共振現象的情形，投資人在實盤操作中應多加注意，就更能有效掌握大的上升行情，並規避較大的下跌行情。

- 當長線投資人、中線投資人、短線投機者在相同的時間點，進行方向相同的買入或賣出操作時，將產生向上或向下的共振。
- 長期移動平均線、中期移動平均線、短期移動平均線 3 者交匯到一起，且運行方向趨同時，將產生向上或向下的共振價位點。若前期股市漲幅巨大，則往往產生向下的共振，反之則會產生向上的共振。
- 當時間週期中的長週期、中週期、短週期交匯到同一個時間點，且方向相同時，將產生向上或向下共振的時間點。
- 當 K 線系統、均線系統、平滑異同移動平均線指標（MACD）、隨機指標（KDJ）等技術指標，發出相同方向的買入或賣出訊號時，將產生技術指標系統的共振點。
- 當金融政策、財政政策、經濟政策、上市公司情況等，多種基本面因素趨向一致時，將產生基本面的共振點。
- 當基本面和技術面方向一致時，將產生極大的共振點。

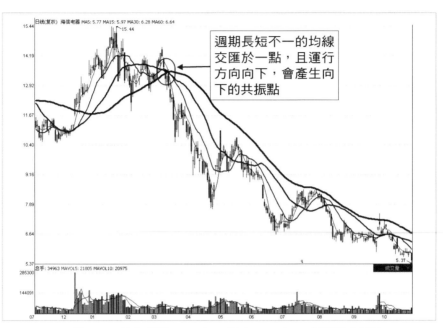

▲ 圖 2-31　海信電器 2007 年 7 月至 2008 年 10 月期間走勢圖

　　圖 2-31 為海信電器 2007 年 7 月至 2008 年 10 月期間走勢圖。如圖中標注所示，此股在高位區，出現週期長短不一的均線交匯於一點的形態，且整個均線系統運行方向向下，這會產生向下的共振點，此時宜進行賣股操作。

2.6.4 投資人想成功須具備的 5 種素質

　　江恩認為，成功的投資人僅僅有技術是不夠的，要想成功，一些基本素質也必須具備。

● **資本**：資本是我們入市的本金，沒有本金一切無從談起。無本金縱有本領，亦不可能在風險投資市場得到絲毫利潤。

- **健康**：風險投資對投機者的心理承受能力、身體素質等都有較高要求，好的身體素質也可以讓人頭腦聰明、反應靈敏，是投資人獲勝的根本。
- **知識**：金融市場的專業程度較高，沒有足夠的知識積累，就無法應對，也難以判斷層出不窮的訊息。投資人只有不斷地完善自己的知識結構，才更能適應這個市場。
- **耐性**：耐性是對投資人心態的考驗。擁有足夠的耐心，才更能掌握即將到來的機會，也才會規避風險。例如：看到一檔股票正處於明顯的上升通道中，若沒有耐性，很可能急功近利，不顧眼前個股的良好走勢，去追漲那些前期漲勢凌厲但當前風險較大的個股。
- **膽識**：股票市場變幻莫測，沒有所謂的先知，沒有100%的準確率，每一次操作都有失敗的風險。如果不具有超人的膽識，機會出現時很有可能猶豫不決，任機會流逝。而膽識並不等於魯莽，膽識是建立在足夠的知識，以及理性客觀的分析之上。

2.6.5 江恩理論的精髓就在交易之道

如果說技術性的分析內容是江恩理論的鋪墊，那交易之道可以說是江恩理論的精髓，以下為江恩理論總結出來的交易之道。

- 若本金數額允許，應將本金分成 10 份，每次買賣不應超過本金的 1/10，可以確保我們每次所承擔的風險最多只有 1/10。
- 結合行情的運行方式，合理設定停損價位，在理性的前提下進行操作。
- 交易不宜過於頻繁，每一次的交易都不可盲目展開，不可過量買賣。買賣次數不宜過於頻繁的理由有二：多做多錯、手續費及價位的損失會減少獲利機會。

- 避免反勝為敗。例如：在已獲利的基礎上，如看不準行情的發展方向，就應本著落袋為安的原則，以免因市勢反轉而導致損失（停利點與停損點的設立同樣重要）。

- 不可逆勢買賣。市勢不明朗的時候，寧可袖手旁觀，也不貿然入市（不要想比市場更聰明）。

- 猶豫不決，不宜入市。

- 儘量參與股本小、有題材的活躍股票。

- 買入之後，應依據訊號進行賣出，不宜隨意平倉；在獲利的情況下，可利用逐步減倉或停利，保障利潤不回吐。

- 不可買賣過多的股票，但也不宜只參與一兩支股票，兩者均不適當。因為太多難於兼顧，太少則表示風險過於集中。

- 避免限價買賣，否則可能因小失大。

- 當買賣行為較為順利且累積利潤可觀的時候，可將部分資金調走，以備不時之需。

- 只有在看準一波中級行情時，才宜著手買入，不可為蠅頭小利而隨便入市。

- 買入後若處於虧損狀態，不可盲目補倉。因為第一次的買入出現虧損，很可能意味著這是一次錯誤的交易，如再強行增加持倉數量，謀求拉低成本，可能積小錯而成大錯。

- 不能冀望買在起漲前夕，持股後要有耐心等待股票上漲。

- 在多次的短線操作中，如果賠多賺少，則表示不在狀態中或市場時機不好，應暫時離場觀望。

- 不可貪低而買入，亦不可因價位高而賣股出場，一切應以趨勢的發展勢頭而定。

- 當價格走勢處於上升趨勢中時，買入的方式可以採取金字塔式，即：隨著價格的不斷上升，我們每次的買入數量應是不斷減少的，而不能採用倒金字塔式的買入方式。若採用倒金字塔式的買入方式，隨後一次買入所承擔的虧損，即會抵消前期的所有獲

利，這是錯誤的策略。

- 若重倉買入個股，應設立好停損價位。一旦個股走勢與預期相反，則要敢於認錯，達到停損價位時應毫不猶豫賣出，以保全本金。

- 當交易較為順手時，不應隨意增加倉位或任意買賣，這個時候最易出錯。

- 不可盲目地預測行情的頂或底，應該遵循市場發展。

- 不可輕信他人的意見，應有自己的一套分析方法，才能不斷積累經驗，不斷提升投資功力。

- 入市錯誤、出市錯誤固然不妙；入市正確而出市錯誤，亦會減少獲利的機會。以上兩者均要避免。

NOTE

第 3 章

活用 14 種 K 線買入訊號，
100% 掌握上漲股趨勢

　　道氏理論中有這樣一條：市場中的價格包容消化一切因素，當你還處於下跌趨勢的消沉情緒中時，某些 K 線形態的出現，可能已經揭示趨勢即將反轉的跡象。技術分析方法林林總總，但關於直接反映市場情緒、對現有走勢的看法以及對未來價格的預期，都率先反應在 K 線圖上。

　　例如，當倒錘子線、啟明星、看漲孕線形態出現時，雖然它們不能代表現有趨勢反轉，但已經提供了短期內價格即將反轉的訊號。尤其是在上漲趨勢的回檔中，底部 K 線反轉形態的出現，提供再次買入或者加倉的訊號，使我們有機會擴大利潤，即時跟進趨勢。

　　春江水暖鴨先知，K 線底部反轉形態就像鴨子一樣，為我們提供趨勢即將趨暖的訊號。掌握 K 線反轉形態的這一技巧，也就掌握了跟蹤趨勢的先機。圖 3-1 為常見的底部反轉 K 線形態。

▲ 圖 3-1　常見底部反轉 K 線圖

買點 1：刺透形態的買點

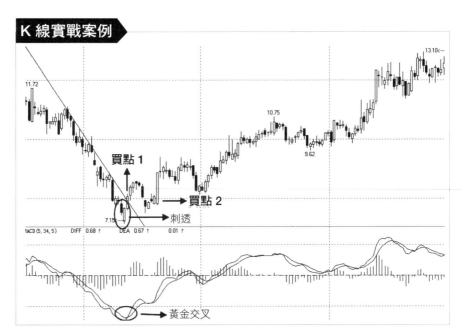

▲ 圖 3-2　上海梅林（600073）2010 年 3 月至 2010 年 12 月日線圖

形態解析

- 如圖 3-2 所示，刺透形態是底部反轉形態，由一根陰線和一根跳空低開高走的陽線，此兩根 K 線組成。
- 陽線的開盤價必須低於陰線的最低價，陽線的收盤價必須處於陰線實體內部的 50% 以上，如果沒有達到該幅度，則不能視為刺透形態。
- 刺透形態需經過後續走勢的驗證，來確定買點。
- 若後續走勢，沒有向下跌破刺透形態中陽線的實體，則該形態為有效形態。若跌破陽線實體，則該形態為無效形態。一般情況下，陽線實體越長，效果越好。

盤面解析

圖 3-2 中是一個標準的刺透形態，股價在經過較大幅度的下跌後，2010 年 5 月 21 日於低位出現刺透形態，其本身就具有較強烈的看漲意願，此時應給予高度關注。

2010 年 5 月 22 日股價上漲收陽，首先，向上突破刺透形態中陰線的實體；其次，其收盤價向上穿越原下跌趨勢線；第三，股價相對應的 MACD 指標也出現黃金交叉，同步發出買入訊號，更加驗證了刺透形態的有效性，於該日臨近收盤之前，可進場建立多單。

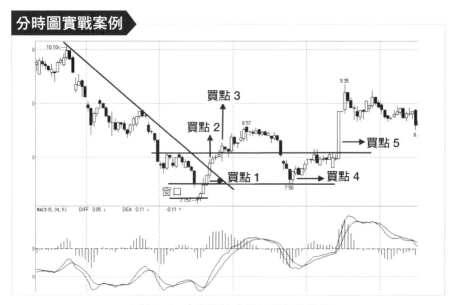

▲ 圖 3-3　上海梅林（600073）分時圖

盤面解析

　　如圖 3-3 所示，看分時圖是如何逐漸演變為刺透形態的。2010 年 5 月 21 日，在第一小時內，股價跳空低開，出現較大的向下跳空窗口，形成星線。在股價大幅下跌後出現星線的含義為，賣盤不願以更低的價格繼續打壓股價，賣盤力道相對減弱，多方勢力逐漸增強。

　　其後的兩根陽線，向上徹底突破開盤之初出現的向下跳空窗口。當股價回補窗口，並持續向上運行時，出現第一個買入訊號，從日線角度看，這次回補窗口，也同時回補了日線級別的向下跳窗口，股價進入前一根陰線的實體內部。

　　同時，小時線內，陽線向上穿越五日移動均線，表示至少在短期內空方失勢。此時 MACD 指標也出現黃金交叉，同時給出買入訊號，KD 隨機指標在此時此處出現底部背離現象，共同驗證了該買入訊號的準確性。

　　買點 2 出現在 5 月 21 日收盤前，股價向上穿越原下跌趨勢線，同時向上穿越十日移動平均線，發出第二個買入訊號，此時刺透形態已經完成。如分時圖所示，5 月 22 日，股價繼續小幅上揚，雖然上漲幅度較小，但它向上突破了原下跌趨勢中的震盪平台高點，給出買入訊號，再回到日線級別。可以看出，此次突破向上穿越刺透形態中陰線實體，日線 K 線圖也給出了買入訊號，此處為買點 3。

　　此後，在分時圖中，股價曾向下回測原跳空窗口的支撐力道，在窗口上限，出現兩根低點相同的 K 線，為平頭底部形態。股價在此處獲得窗口支撐，向上運行，給出第 4 個買點。經過小幅上漲之後，出現 8 個小時的平台震盪，震盪結束後，一根長陽線向上挺出，突破該震盪平台，在突破平台高點時，也向上回補了規模較小的跳空窗口，共同形成買點 5。

買點 2：錘子線的買點

K 線實戰案例

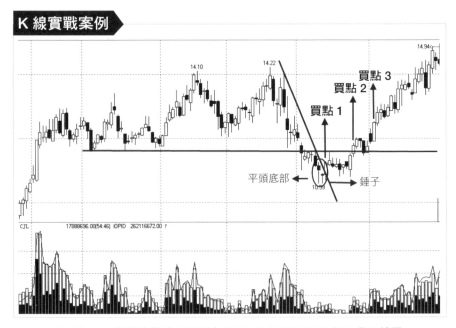

▲ 圖 3-4　皖維高新（600063）2011 年 1 月至 2011 年 7 月日線圖

形態解析

- 錘子線是單根反轉 K 線形態之列的一種。要求該 K 線實體部分相對較小，理論上最佳形態為無上影線。若形態中出現上影線，以短到忽略不計為佳，下影線長度為實體部分的兩到三倍以上，錘子線本身的顏色無關緊要。
- 若後續走勢向上突破錘子線的最高價，說明該形態為有效形態，其指導意義為底部反轉。
- 若後續走勢向下突破錘子線的實體部分，說明該形態為無效形態，無任何指導意義。

盤面解析

　　如圖 3-4 所示，2011 年 6 月 11 日與 13 日分別為相鄰的兩個錘子線形態，其最低價在同一水平位置。單獨看這兩根 K 線，已形成平頭底部形態，這兩個錘子線的組合形態，另有一美稱為「雙針探底」。

　　顯而易見，賣盤力量已經極度衰竭，底部跡象明顯，次日的陽線向上收高，吞沒第一根錘子線形態的實體部分，向上插入之前的 K 線實體內部，給出有效驗證，也同時提供新的買點。在這根陽線之後，股價出現小幅回檔，成交量持續萎縮，證明其為整理形態。

　　回檔結束後，股價平穩上揚，在隨後的上漲中，連續突破前整理區間的下沿與前方的向下跳空窗口，給出後面的兩個買點。

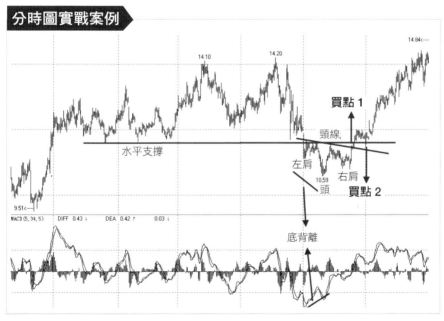

▲ 圖 3-5　皖維高新（600063）分時圖

盤面解析

　　如圖 3-5 所示，股價在 2011 年 6 月 10 日，底部跡象已初現端倪。6 月 10 日開盤後，股價小幅衝高後向下極速回落。14 時破出新低後，股價迅速回升，於前一根陰線構成了看漲抱線形態，股價在低位顯露買盤積極介入的跡象。

　　6 月 13 日開盤後，股價開低走低，未能脫離前一根陽線的控制範圍。在 10 時的走勢中，形成小的星線，顯示賣盤衰竭，隨後股價小幅上升，此時的 MACD 指標柱狀圖縮短。6 月 14 日開盤之初股價便強勁上漲，同時 MACD 指標與股價出現底部背離，柱狀圖翻至零軸之上，給出第一個買入訊號。

　　6 月 15 日股價自反彈高點回落，繼續下探底部，在 6 月 13 日開盤價處獲得支撐，最後在 6 月 23 日開盤後，股價以錘子線形態的方式結束回檔。可以注意到這一段時間內所形成的，是一個規模較小的頭肩底形態，這在日線上是難以呈現的。

　　6 月 23 日 13 時長陽向上，突破頭肩底反轉形態的頸線，MACD 指標向上發散，構成第二個買點。6 月 29 日，股價遇前期向下跳空窗口承壓回落，回到頭肩底反轉形態的頸線支撐位，在頸線上方得到支撐後，股價恢復上漲，此時反轉形態初步得到確認，趨勢性買點出現。

　　當 7 月 4 日開盤後的第一根陽線，向上突破前向下跳空窗口的壓制及前高壓制，MACD 向上重新出現黃金交叉，可以確定新一輪漲勢已經開始。

買點 3：倒錘子線的買點

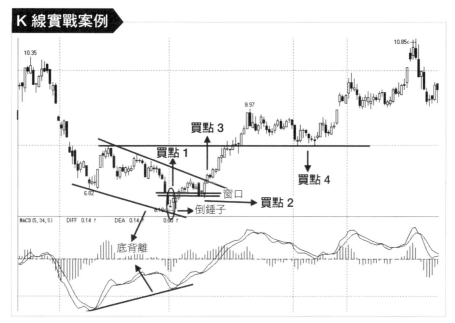

▲ 圖 3-6　*ST 中葡（600084）2009 年 12 月至 2011 年 11 月日線圖

形態解析

- 倒錘子線是屬於單根反轉 K 線之列，要求實體部分非常小，理論上最佳狀態為無下影線。若出現下影線，則短到可忽略不計為佳。上影線約為實體長度的兩到三倍以上。
- 若後續走勢向上突破倒錘子線的最高價，說明該形態為有效形態，其指導意義為底部反轉；
- 若後續走勢向下突破倒錘子線的實體部分，說明該形態為無效形態，無任何指導意義。

91

盤面解析

　　如圖 3-6 所示，2010 年 7 月 1 日，股價在大幅下跌後，承接前一個交易日的賣盤賣壓力量，跳空低開。但空方並無力量將股價進一步向下打壓，當日留下長長的上影線，揭示出在連續大幅下跌之後，買方出現嘗試性的介入。

　　買盤力道曾一度壓過賣盤，雖然股價仍然收於較低的價位，但買方的嘗試性介入，無疑是一種積極訊號。次日股價雖創出新低，但收於相對於前倒錘子線較高的位置，進入前方陰線的實體內部，給出有效驗證。此時 MACD 指標與股價也發生底部背離，共同提供買入訊號。

　　2010 年 7 月 6 日，股價突破前方向下跳空窗口，構成買點 1，此後股價在回測該窗口時獲得支撐，給出買點 2。在股價上揚過程中，向上突破前方跌勢的短期阻力線，給出買點 3。股價突破猛進，一躍而上，

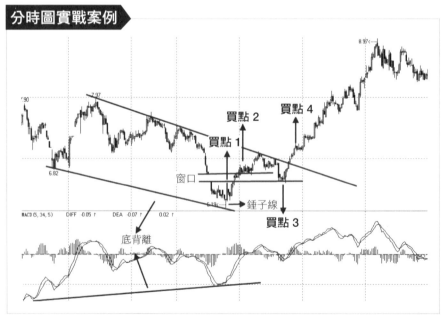

▲ 圖 3-7　　*ST 中葡（600084）分時圖

擊穿原下跌趨勢中震盪的高點，給出買點 4。

盤面解析

　　值得注意的是，在對應倒錘子線這一日的分時圖中，股價呈底部震盪走勢，分時圖中沒有任何見底的跡象。而對應 MACD 指標，揭示出一個值得注意的現象，那就是柱狀圖在逐漸明顯縮短。

　　關鍵的節點在 2010 年 7 月 2 日，股價在高開後，盤中出現急速下跌，股價創出新低 6.19 元（本書所有金額皆指人民幣）。13 時股價在創出新低後迅速回升，以「錘子線」形態收盤。由此可見，實際的買入訊號，並不是在日線的倒錘子線時出現的，而是在次日的分時圖中錘子線處，給出見底的警示訊號。

　　14 時股價大幅上揚，一舉突破包括倒錘子線在內的一系列震盪小 K 線，此時的 MACD 指標也與股價出現底部背離，形成黃金交叉。同時在所對應的日線中，也給出倒錘子線的有效驗證，發出買點訊號。

　　由 3-7 分時圖可知，前方的向下跳空窗口，對股價形成短期的壓制作用。隨著窗口被關閉後，股價繼續向上運行，此窗口壓力轉而形成支撐，在關閉窗口時出現買點 2。股價經過小幅上漲後，向上遇到原下跌趨勢線的壓制，進入針對前一小波段的漲勢小幅整理中，股價在前跳空窗口下限處，獲得支撐蓄勢待發，此處為買點 3。當股價再次向上，一舉穿越了原下跌趨勢線，配合 MACD 指標重新向上穿越零軸，構成重要的趨勢性的買點，下降趨勢此時被徹底顛覆，轉而形成上升趨勢。

　　穩健的投資人可以在 7 月 20 日 13 時的 K 線圖中買入，此時的股價突破前反彈高點，及前下跌趨勢中震盪平台的低點，此後股價震盪上揚至 10.85 元處，逼近前高，此波段上漲幅度近 75.28%。

買點 4：啟明星的買點

K 線實戰案例

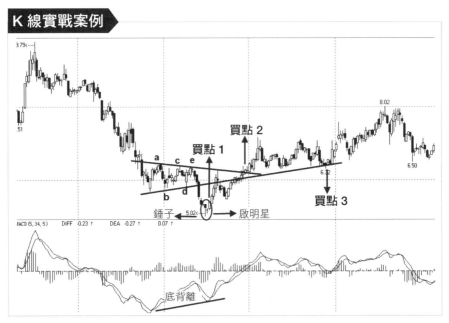

▲ 圖 3-8　禾嘉股份（600093）2010 年 3 月至 2010 年 12 月日線圖

形態解析

- 啟明星由三根 K 線組合而成，第一根為下跌陰線，第二根為星 K 線，第三根為上漲陽線。

- 以上要求第二根星 K 線的實體，必須低於第一根陰線的實體。理論上，同時還要求星 K 線的上影線，與第一根陰線之間存在跳空窗口。但在實際中，這樣的圖形並不常見。

- 第三根陽線要求插入第一根陰線的實體內部，啟明星必須出現在一段清晰可見的下跌趨勢之中。

盤面解析

如圖 3-8 所示，2010 年 7 月 5 日處的啟明星，是由前期下跌對稱三角形向下突破後見底點形成的。值得我們注意的是，此對稱三角形的上下邊線的延長線，對後續走勢具有至關重要的作用。此星線與前方的實體部分出現向下跳空窗口，為一組標準的底部反轉十字啟明星。由十字星線和帶有較長下影線的錘子線中，我們可以感受到前兩日的 K 線，已經顯現出底部即將形成的跡象，而 7 月 5 日的啟明星線沒有創出新底，在錘子線的下影線範圍內出現。

這足以證明，賣盤之勢已成強弩之末，次日的陽線向上跳空高開，一舉吞沒前三個交易日的 K 線實體，給出啟明星的有效驗證。此時MACD 指標柱狀圖縮短，DIF 線走緩，給出第一個買點。7 月 8 日，股價向上衝擊前方對稱三角形的上邊線的延長線，MACD 與股價之間出

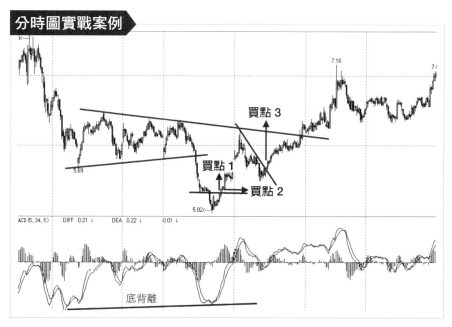

▲ 圖 3-9　禾嘉股份（600093）分時圖

現底部背離，確定買點 1 的可靠性，又同時給出買點 2。對稱三角形下邊線的延長線，支撐住股價後期的平台回檔，給出買點 3。

盤面解析

如圖 3-9 所示，本圖例中的買入訊號，其實是在 7 月 2 日的分時線中率先給出的，早於日線級別中 7 月 6 日所給出的買點。究其原因，首先在 7 月 2 日 14 時的分時圖中可以看出，K 線圖方面率先給出看漲抱線形態，同時 MACD 指標的柱狀圖，在股價下跌中逐漸縮短，警示我們出現了底部背離的現象。

而日線級別 7 月 5 日的是啟明星線，在分時圖中以整理的形式出現，從分時圖中能看出 7 月 5 日的價格波動，處於 2 日陽線的實體範圍之內。在 7 月 6 日開盤後，股價上揚給出看漲抱線形態的有效驗證，此時的 MACD 指標與股價出現了底部背離，共同給出比較準確的買點。

6 月 30 日與 7 月 1 日的兩個交易日走勢，在原下跌趨勢中形成平台整理的形態，其下邊線的壓力於 7 月 6 日 10 時被有效突破，構成買點 2。其後，股價進一步上揚，在前期下跌對稱三角形上邊線的延長線處承壓回落，進入調整理狀態。分時圖中，以刺透形態給本次的小幅整理畫上圓滿句點。隨後隨著股價向上，突破這次向下整理的阻力線後，股價快速上揚形成第 3 個買點。

在此期間，MACD 指標柱狀圖在零軸下方呈逐漸縮短之勢。7 月 20 日開盤後，MACD 在零軸之上形成黃金交叉，並且向上發散。股價一度順利突破原對稱三角形上邊線的延長線。但突破該線後獲得支撐，在該線之上股價震盪盤升。

經由本圖例我們可以得到一個經驗，任何前期走勢中出現的支撐線、阻力線，都有可能對後續走勢產生重要影響，這是我們不應該忽略的細節。

買點 5：看漲抱線的買點

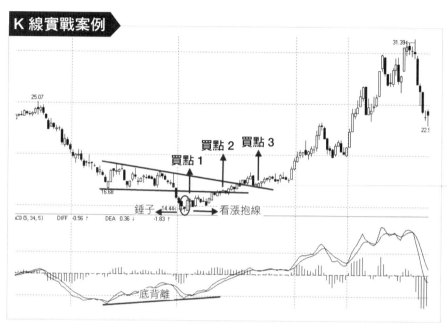

▲ 圖 3-10　雲天化（600096）2010 年 4 月至 2010 年 10 月日線圖

形態解析

- 看漲抱線形態是由兩根 K 線組成，第一根為陰線，第二根為陽線。其要求為，第二根陽線的開盤價要低於第一根陰線的收盤價，收盤價要高於第一根陰線的開盤價。第二根陽線將第一根陰線的實體部分完全包住，這在股價中是常見的底部反轉形態。
- 若其後續走勢高於該形態中陽線的收盤價，則證明該看漲抱線形態有效，其指導意義為底部反轉；若後續走勢低於該形態中陽線的實體部分，則證明該形態失效，無任何指導意義。
- 看漲抱線形態的反轉力道，要強於刺透形態。

盤面解析

如圖 3-10 所示，2010 年 7 月 5 日股價在前期整理突破小幅下跌後，形成錘子線形態。值得我們注意的是，此處 MACD 指標的柱狀圖，相較於之前的低點，已經形成底部背離。次日股價低開高走，上漲收陽，將其前兩個交易日的 K 線完全包住，形成看漲抱線形態。

看漲抱線吞沒之前的實體越多，其反轉力道越強。而 MACD 指標的柱狀圖已逐漸縮短，7 月 7 日股價小幅收陽，高於整體看漲抱線形態，給出有效驗證，為買點 1。在隨後的震盪中，MACD 向上交叉，與股價之間出現底部背離，進一步驗證買入訊號。8 月 2 日，股價在突破前下跌震盪平台下邊線的壓力後，回測成功，給出買點 2。8 月 12 日，股價二次試探該價格水平的支撐，出現買點 3。

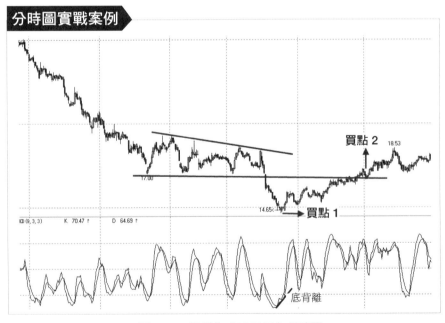

分時圖實戰案例

▲ 圖 3-11　雲天化（600096）分時圖

盤面解析

　　如圖 3-11 所示，該分時圖與日線圖並無多大差別，其區別是 7 月 2 日 13 時，股價在創出新低後形成錘子線形態。此時的 KD 隨機指標也做出積極反應，KD 指標由下自上形成黃金交叉。14 時雖然收陽，但始終沒有脫離之前陰線的控制範圍，驗證錘子線形態的反轉失敗。但 KD 指標於極低的水準向上交叉，此時股價雖然未能驗證反轉，卻是一個極重要的警示訊號，要求我們對以後的股價下跌應採取謹慎的態度。

　　7 月 5 日開盤後，股價與昨日最後一根分時陽線之間，產生向下跳空窗口，再次形成錘子線形態。若在實際操作之中，我們能做的僅僅只是觀望而已，等待市場進一步驗證反轉後，再行建立多單。

　　有趣的是，其下一根 K 線在破底後，再次形成錘子線形態。雖然股價破出新低，而 KD 指標未能形成向下的死亡交叉，說明股價創低的動能已然衰竭，這一次的錘子線形態絕不是演習。其後的陽線便與最後一根錘子線構成看漲吞沒形態，給出錘子線的有效驗證，同時提供相對最低位置的買入訊號。

　　7 月 6 日，股價大幅上揚，突破前方的向下跳空窗口的壓制，確認前期買點。隨著股價緩慢爬升，突破前期下跌趨勢中震盪平台的低點。根據道氏理論所闡述精要，此時確立反轉趨勢，給出趨勢性買點 2。

　　在股價向上突破該阻力位後，又橫向盤整兩個交易日。在盤整過程中的低點，曾向下突破該支撐位，但也僅僅是日內穿越而已，不能構成有效的突破。股價在此處盤整結束獲得支撐後，股價進一步上揚。相信股價在小幅攀升過程中，便是主力建倉的位置。

買點6：底部孕線反轉形態的買點

K 線實戰案例

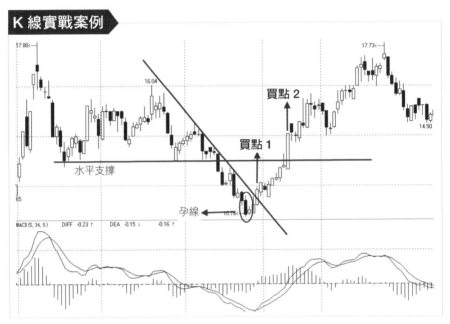

▲ 圖 3-12　長春一東（600148）2010 年 11 月至 2011 年 4 月日線圖

形態解析

- 底部反轉孕線是由一陰一陽兩根 K 線組成。前一根為相對較長的陰線，後一根為實體相對較短的陽線，如果第二根 K 線的實體非常小，則可忽略 K 線的顏色。

- 第一根陰線應將第二根陽線的實體完全包括進去，實體越短，反轉的力道越強。但孕線並不是絕對的底部反轉形態，在下跌過程中經常以持續整理的姿態出現，會減緩下跌的速度，預示底部即將來臨，就像一輛高速行駛的汽車踩下剎車一樣。

- 底部孕線的判斷前提是，出現在大幅下跌行情的末端，若這一下跌行情出現的時間較長，幅度較大，則說明具有底部反轉的可

能性。當後續走勢在不破壞孕線形態的前提下，向上擊穿第一根長陰線的開盤價時，底部反轉孕線成立。若後續向下跌破整體孕線形態，則說明該孕線仍屬於持續形態。

盤面解析

如圖 3-12 所示，2011 年 1 月 25 日跌勢依然強勁有力，大有突破前低之勢。26 日的股價於前一日陰線體內開盤，開高走高收出小陽線，股價全天的運行區間位於 25 日陰線的實體之內，急速下跌的行情，就像被一腳踩住剎車。在孕線形態出現後的第二個交易日，股價向上突破孕線形態中陰線的高點，同時還突破下跌趨勢線，給出買點 1。其後持續向上突破前方水平支撐位，給出買點 2。

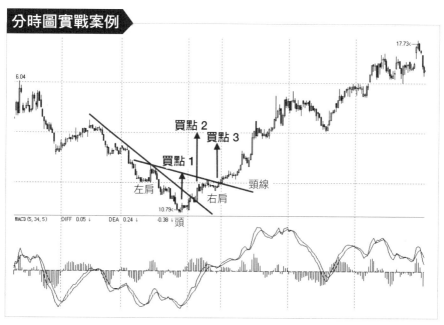

▲ 圖 3-13　長春一東（600148）分時圖

盤面解析

　　如圖 3-13 所示的分時走勢中，股價在連續下跌後，於 2011 年 1 月 25 日 13 時與 14 時，分別收出兩根小的陰星形態。小陰星雖然顯示股價依然疲弱，但表現出股價抗跌的意願，顯示出賣盤的力量已經減弱。配合 MACD 指標，雖然股價在持續向下創出新低，但柱狀圖已經明顯地在零軸下方逐漸縮短，應提高警惕。

　　1 月 26 日開盤後，股價似乎發生根本性的變化，股價開高走高，挺入星 K 線之前陰線的實體，以小陽線報收。雖然相對形態較小，但也給出分時圖中啟明星形態的有效驗證，此處可構成買點 1。

　　之後股價全位於該小陽線的區間內橫向延展，而在當日的收盤之前，分時圖 MACD 指標在低位形成黃金交叉，發出積極向上的訊號，再次確認買點 1 的有效性。

　　1 月 28 日 10 時，股價大幅上漲收陽，向上突破原下跌趨勢線，給出第二個買入訊號，此時 MACD 指標的柱狀線在零軸上方正向增長，顯示出市場中做多的動能正在凝聚，市場在積極健康的發展。2011 年 2 月 9 日 14 時，當股價向上突破頭肩底反轉形態的頸線時，給出第 3 個買點。顯示新的上漲趨勢已經確立，趨勢性買點便在買點 3 處。

　　股價此次反轉自 1 月 25 日至 3 月 16 日，由 10.79 元上漲到 17.73 元，上漲幅度近 70%。值得注意的是，當股價在突破頭肩底反轉形態頸線的同時，也突破前下跌趨勢線的震盪平台的下限。而壓力重合的位置，也往往是非常重要的，此處的突破，屬於決定性的突破。

買點 7：看漲約會線的買點

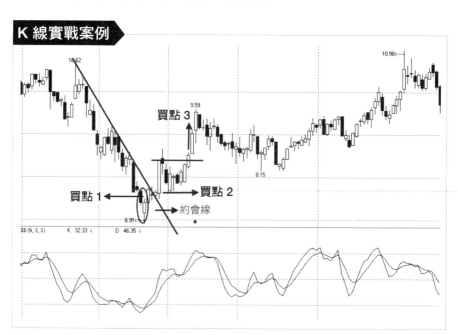

▲ 圖 3-14　長城電工（600192）2010 年 4 月至 2010 年 9 月日線圖

形態解析

- 看漲約會線是由兩根 K 線共同組成，要求第一根為下跌趨勢中的陰線，第二根為下跌趨勢末端的陽線，該陽線開低走高，收盤價與前一根陰線的收盤價處於同一位置。但實際運用中，它們的收盤價未必完全相同，需要靈活運用與掌握。其中陽線開低的幅度越大，其反轉的力量便越強。
- 若後續走勢向上收高於該形態中陽線的收盤價，證明該形態為有效形態，指導意義為底部反轉；若後續走勢向下突破該形態的最低價，證明該形態為無效形態，無任何指導意義。

盤面解析

　　如圖 3-14 所示，2010 年 5 月 20 日，股價繼長陰之後中幅下跌，此時的 KD 隨機指標進入超賣區間，需要注意買入的機會隨時可能出現。次日股價大幅低開，向下跌出新低後，快速回升，報收於前一陰線收盤價處，與前一陰線收盤價相同，形成看漲約會線。

　　出現此類形態之處，為買方背水一戰、絕地反擊之時。次日股價承接昨日約會線的上漲力量，完全超越約會線前方的陰線實體，構成買點。同時 KD 隨機指標，也由 20 刻度以下的超賣區形成黃金交叉，並且向上發散，驗證了買點 1 的可靠性。

　　2010 年 5 月 27 日，股價位於下跌趨勢線之上，當其向上快速突破前方陽線高點時，構成新的買入訊號，為買點 2。6 月 8 日的股價在回檔後，向上突破長陽線高點，KD 指標二次黃金交叉，為買點 3。

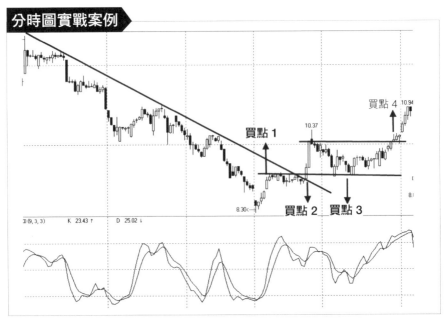

▲ 圖 3-15　長城電工（600192）分時圖

盤面解析

　　如圖 3-15 所示，2010 年 5 月 20 日後半段交易日期間內，股價已經呈現出向下抗跌的形態。開盤之後，股價跳空向下低開，在這一時間單位內形成了底部錘子線形態，而此時 KD 隨機指標在 20 刻度以下趨緩，K 值向上。

　　在下一個時間單位處，股價呈現開低走高局面，雖然力道顯得不強，但 KD 隨機指標已然在超賣區形成黃金交叉，顯示出正面的積極訊號。至收盤時，股價穩步上行，向上回補當天所構成的向下跳空窗口，對應日線圖形為看漲約會線形態。雖然回補了窗口，但仍不能構成買入訊號，因為回補窗口是第一步，尚需要股價在窗口之上繼續上行後，方可為買點。

　　5 月 24 日開盤，股價對前一日的上漲意願給予充分肯定，股價在回補窗口之後，吞沒分時圖中約會線中，陰線的三個時間單位的實體部分，構成買入訊號為買點 1。此後股價進入橫盤震盪區間，在 5 月 27 日 13 時股價連續向上突破原下跌趨勢線的阻力位，及震盪整理的平台高點，構成新的買入訊號，為買點 2。

　　當股價繼續創出新高後，不幸的是 KD 隨機指標與股價之間形成頂部背離，市場進入整理階段，但股價受到來自於前方震盪平台高點的支撐後，形成小的平頭底部形態，該形態中的兩個低點為買點 3。6 月 2 日 14 時股價向上突破該短期回檔的趨勢線，同時 KD 隨機指標二次向上交叉，驗證買點 3 的可靠性，當股價再次向上突破 5 月 27 日 14 時的高點時，震盪徹底結束，構成買點 4。

買點 8：看漲分手線的買點

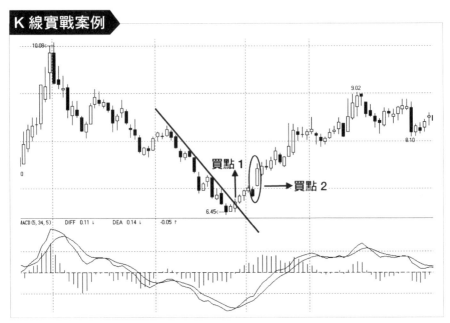

▲ 圖 3-16　中科英華（600110）2010 年 11 月至 2011 年 4 月日線圖

形態解析

- 看漲分手線是由兩根 K 線組合而成，第一根為突然出現在上漲趨勢線的回檔陰線，第二根為繼續上漲的陽線。

- 這兩根 K 線的要求為：陽線的開盤價與陰線的開盤價在同一位置，前一根 K 線向下，後一根 K 線向上，兩者分道而行，意味著分手。

- 此分手不是反轉的意思，而是與上漲趨勢線中的回檔分手，上漲趨勢繼續運行。

- 第二根陽線出現後，本身是一個加倉買點，如果此時手中並無持倉，那麼在此處也可以建立新的多頭部位。類似於這種分手線，

一般出現在一波上漲行情的中段，有預測後期上漲幅度的作用，當然並不是絕對的。

盤面解析

看漲分手線往往出現於強勢的上漲趨勢中，屬於上漲趨勢的中繼形態。如圖 3-16 所示，2011 年 2 月 1 日，股價處於強勢狀態，長陽收盤，而次日一根高開低走的陰線顯得有些突兀。

至於是什麼原因造成的，我們不必追究，此時 MACD 指標必須處於多頭市場強勢上揚狀態，次日股價於陰線的開盤價之上跳空開盤，以長陽線收盤，似乎昨日的事情根本沒有發生一樣。投資人可據此進行加碼買入，看來這不過是上行趨勢中的一小段插曲而已。

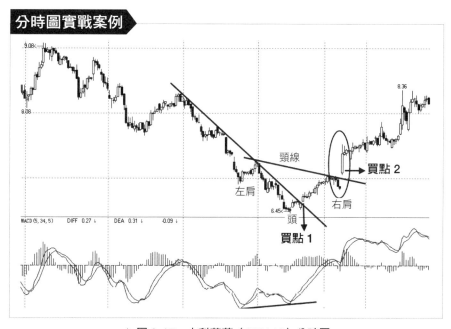

▲ 圖 3-17　中科英華（600110）分時圖

盤面解析

　　如圖 3-17 所示，2011 年 1 月 25 日，股價在跳低開盤打開一定跌幅之後，便呈現抗跌的緩慢下跌狀態。14 時，股價在創出 6.45 元新低之後，以小實體陰星收盤。次日股價開盤後一小時內，股價小幅收陽，與前一日的第一小時陰線完全對應，驗證了昨日收盤時的陰星形態。

　　該陽線與昨日的分時圖，共同構成啟明星底部形態，與當日的 14 時，突破 10 日移動平均線，MACD 指標確認形成底部背離。1 月 27 日，股價便呈現上漲局面，持續上漲一段時間後，於 2 月 1 日 13 時開始進入整理狀態。

　　2 月 9 日開盤後，在其後的交易時間內，股價穩步下跌，但此時的 MACD 指標已上叉零軸，進入上漲趨勢。由此，我們判斷該陰線可能為上漲趨勢中的回檔行情，已構成一個規模較小的頭肩底部反轉形態。該反彈高點，與前下跌趨勢線的最後一個反彈高點，連結成為頸線。

　　2 月 11 日開盤後，便呈現出向上跳空大幅上漲的格局，行雲流水般突破頭肩底的頸線及前一個反彈高點。反映在日線圖中，與前一個交易日中的陰線，形成看漲分手線形態，構成買點 2。從分時圖中看，此日開盤的第一根 K 線是決定性的上漲，將股價完全帶入原上漲趨勢，此後便再次進入震盪上漲的趨勢中。

　　值得我們注意的是，凡看漲分手線或看跌分手線，都是屬於中繼暴發式的行情走勢，其中上漲分手線是投資人進一步加倉的積極訊號；而看跌分手線，是提醒持幣者進一步觀望的等待訊號。

買點 9：看漲捉腰帶線的買點

K 線實戰案例

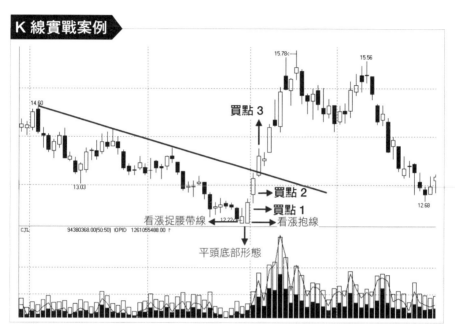

▲ 圖 3-18　招商銀行（600036）2010 年 7 月至 2010 年 11 月日線圖

形態解析

- 看漲捉腰帶線屬於單根反轉 K 線之列的形態，它是由一根沒有下影線的光頭陽線所形成的。

- 形成該形態的條件非常簡單，首先它必須出現在一波清晰可見的下跌趨勢中，該下跌趨勢規模不分大小（可以是大幅下跌趨勢的頂端，也可以是向下回檔的高點）。其次，它必須有上影線，但其上影線的長度不應過長。

- 若後續走勢向上突破了該形態的最高點，證明該形態為有效形態，且為底部反轉形態。若後續走勢向下突破了該形態實體，則證明該形態為無效形態。

- 因為形成該形態的條件過於簡單，所以最好有其他技術分析手
  段與之相配合，共同給出買入訊號為最佳。

盤面解析

　　如圖 3-18 所示，2010 年 9 月 28 日股價繼續下跌，但次日走勢明
顯終結了此趨勢。9 月 29 日股價順勢低開後，即呈現上漲格局，開盤
價即為當日的最低價，顯示出買盤入市的堅決態度，此時買盤力量已經
完全壓過賣盤的力量。

　　此陽線的實體甚至插入了前一根陰線的實體，9 月 30 日的走勢進
一步驗證買盤入市的跡象，其開盤價與前一日的捉腰帶線，構成平頭底
部形態和看漲抱線形態，構成買點 1。成交量輕微放量，次日開高走高，
隨著成交量的放大，給出看漲抱線形態的有效驗證，構成買點 2。10 月

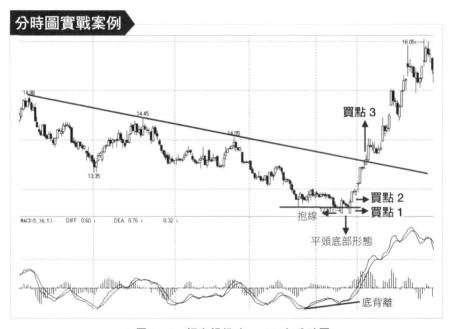

分時圖實戰案例

▲ 圖 3-19　招商銀行（600036）分時圖

11 日股價帶量上漲，決定性地突破下跌趨勢線，給出買點 3，代表新的上漲趨勢已經開始。

盤面解析

　　如圖 3-19 所示，2010 年 9 月 28 日 14 時，臨近收盤的最後一根蠟燭線為十字星線，而尾盤出現星線的情況，代表賣盤力量減弱，預示對後勢的看跌抱有謹慎的態度。9 月 29 日開盤後，股價即呈現低開高走格局，形成分時圖中的看漲抱線形態，該陽線吞沒前方的小陰線實體，顯示多方態度堅決，並且同時突破前下跌趨勢中震盪平台的低點阻力位，給出買點 1。此時的 MACD 指標黏合，與股價之間出現底部背離，在當日剩餘的時間裡，股價進行整理。

　　9 月 30 日依然開低走高，與前一日的第一根陽線的開盤價相同，形成平頭底部形態。此時 MACD 指標向上發散，其後股價盤中快速上漲，突破前一個交易日的高點，給出看漲抱線形態的有效驗證，構成買點 2。

　　此後股價穩步上揚，在達到下跌趨勢線之時承壓，10 月 11 日開盤後該趨勢線告破，上漲趨勢確立，構成重要買點，為買點 3。穩健的投資人應該把突破重要的壓力位，作為主要的參考訊號。

　　值得注意的是，2010 年 9 月 30 日 10 時之後的兩個時間單位內，出現了兩根十字星線，如何看待這一星線的性質是值得思考的。首先是它出現的位置：當股價啟動之初，從本身意義來看，出現的星線屬於進退兩難的市況，而實際上往往是買方對股價進行整理之時。

　　其次是它出現的時間：一般情況下，為兩個時間單位。若在這兩個時間單位內，股價並未向下運行而是繼續上揚，此時還可以構成一個新的持續性買點。

買點 10：白色三兵的買點

K 線實戰案例

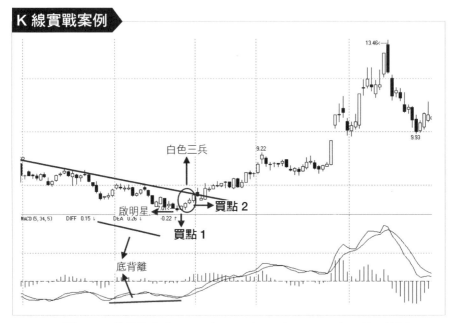

▲ 圖 3-20　澄星股份（600078）2010 年 12 月至 2011 年 4 月日線圖

形態解析

- 白色三兵形態由三根依次上升、重疊出現的陽線組成。
- 要求為：第二根陽線開盤價在第一根陽線實體內，第三根陽線開盤價在第二根陽線實體內。但這種理論上的最佳圖形是很難見到的，在市場中，通常都是白色三兵標準形態的變體，但不會影響它的作用。
- 白色三兵通常為各種底部反轉形態的延續確認。如刺透形態後面，跟隨著兩根依次重疊的陽線，為刺透形態的延續確認等。

盤面解析

　　如圖 3-20 所示，2011 年 1 月 25 日股價創出新低後，以陰星收盤，此時的 MACD 指標的值，高於前期低點股價所對應的值。2011 年 1 月 26 日，股價於前一日星線的開盤價位置開盤之後，小幅上揚，進入星線之前的陰線實體。這三根線構成啟明星形態，該位置的小陽線構成買點 1。

　　此後的兩日漲幅較小，收盤價均接近當日最高價，此時這三根陽線便構成白色三兵形態。白色三兵形態中，最後一根陽線所對應的 MACD 指標，與前期股價之間形成二度背離，加強了買入訊號的可靠程度。並且白色三兵形態的第三根陽線處，構成買點 2。次日的走勢漲幅擴大，向上突破原下跌阻力線，構成新的買點，為買點 3，同時也驗證白色三兵所提示的穩步上漲趨勢。

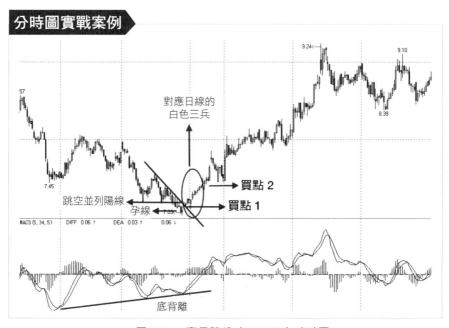

分時圖實戰案例

▲ 圖 3-21　澄星股份（600078）分時圖

盤面解析

如圖 3-21 所示，在白色三兵形成的前一日分時圖中，表現出股價可能見底的跡象，1 月 25 日 13 時與 14 時的兩根小時線，構成底部反轉孕線形態，這為次日的上漲埋下伏筆。同時也能發現在 MACD 指標的柱狀圖中，柱狀圖逐漸縮短，向零軸靠近，其表現為股價向下趨緩。次日開盤後，直接驗證前一日收盤前的底部反轉孕線形態，給出買點 1。

但股價還受到前期短期的下降趨勢線的壓制，雖然 K 線圖給出買入訊號，但前方還是有強制的阻力位。所以穩健的交易者，應該等待股價向上突破這根下跌趨勢線之後，作為一個具有趨勢性的買點。在下一個時間單位內，與前方陽線構成向上跳空的並列陽線形態，該形態定義為上漲中繼續形態。

那麼，在市場中出現該形態，則應該視為股價將繼續上漲的訊號。此時 MACD 指標與前期股價重要低點所對應的 MACD 值，形成底部背離現象，同步給出買入訊號。13 時出現光頭小陽線，進一步確認該訊號的可靠性。

股價在 1 月 27 日開盤回測原下跌趨勢線的支撐後，繼續向上運行，拉開上漲的序幕。28 日 9 時，股價承接前兩日的穩步小幅上漲，在分時圖中，也可看作構成前進白色三兵形態。26 日、27 日和 28 日，這幾個交易日在日線級別圖表中，對應的也是前進白色三兵形態。

在 1 月 28 日 14 時收盤時，MACD 的 DIFF 線向上穿越零軸，上漲趨勢此時已初步形成。由此我們可以發現，在操作中從大處著眼、小處著手，更能準確並及時發現交易訊號。

買點 11：上升三法的買點

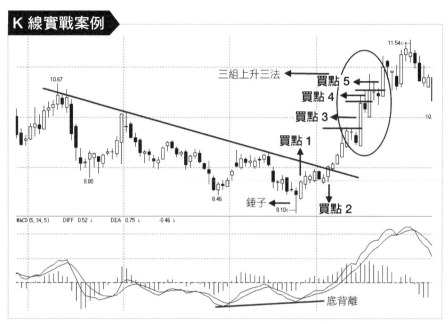

▲ 圖 3-22　外運發展（600270）2010 年 10 月至 2011 年 3 月日線圖

形態解析

- 如圖 3-22 所示，上升三法通常是由五根 K 線組合而成的。它的第一根 K 線為上漲趨勢中的長陽線。中間的三根 K 線，通常為在第一根陽線體內震盪的小陰線，這三根小陰線在陽線體內依次降低，但不允許向下跌破第一根陽線的實體。最後的第 5 根 K 線為陽線。
- 理論上，開盤價要求高於中間震盪第三根小陰線，而收盤價必須高於第一根陽線的收盤價，形成向上的突破，即為上升三法。
- 有時上升三法中，前後兩根陽線內部震盪的 K 線實體非常小，可以忽略這些小 K 線實體的顏色。有時會在兩根陽線之間出現三根

以上或三根以下的震盪小 K 線，只要不破壞上漲三法的規則，都不影響該形態的持續看漲作用。

盤面解析

如圖 3-22 所示，2011 年 1 月 25 日，股價以錘子線形態下探低點 8.10 元後，次日便給出錘子線形態的有效驗證，出現第一個買點。同時 MACD 指標中的 DIFF 線向上，經過連續 5 日的整理後，股價於 2011 年 2 月 10 日向上突破原下跌趨勢線，構成重要的趨勢線買點，為買點 2。

此時 MACD 指標與股價之間形成底部背離，並且向上發散，確認市場已經進入上漲趨勢。

2011 年 2 月 16 日至 2 月 28 日，股價構成連環三組上升三法形態，

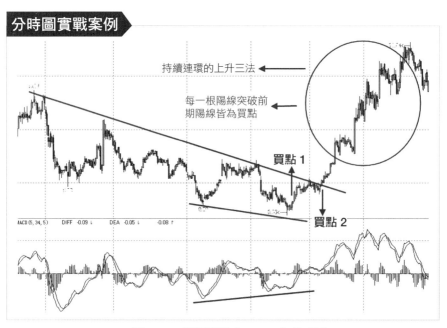

▲ 圖 3-23　外運發展（600270）分時圖

每一組整理後的上漲陽線，在突破前方陽線實體時，均構成買點。

盤面解析

　　如圖 3-23 所示，2001 年 1 月 25 日 13 時，這根錘子線形態確定底部。在此後的幾根 K 線中，股價均未能跌破錘子線形態的實體，在底部分別出現十字線、錘子線及微小的看漲捉腰帶線，預示股價已跌無可跌。1 月 26 日 10 時的這根 K 線，驗證了錘子線等一系列的底部形態，同時 MACD 指標向上交叉，與股價之間形成底部背離，發出買入訊號，為買點 1。

　　在股價小幅上漲後，進入橫向震盪區間。在震盪區間內，MACD 指標向上穿越零軸，顯示市場已經進入多頭市場。2 月 10 日 10 時，向上突破前期阻力線後，漲勢徹底確立，形成買點 2。

　　對應日線上的連環上升三法形態，在分時圖中呈現出的是階梯式上升行情。從日線看上升三法中的小 K 線實體，均帶有上下影線，此時表現在分時圖中，似乎令人無所適從。但有一項原則告訴我們，遇到此種情況以不變應萬變，當股價沒有跌破前方長陽線時，應持股不動，而每一次長陽線向上突破前高，均為加倉買入的機會。

　　分時圖已為我們先提出警告。自 3 月 1 日開盤後，由 MACD 指標可以看出應該謹慎看漲，此時的 MACD 指標已經與股價之間出現頂部背離現象，甚至 3 月 8 日與股價之間出現了二度背離。

　　當股價按照預期的方向順利發展時，決不能盲目樂觀、對走勢掉以輕心，任何時期都要對市場存有敬畏之心。你認真對待市場，市場才會給你帶來利潤。

買點 12：向上跳空並列陽線的買點

K 線實戰案例

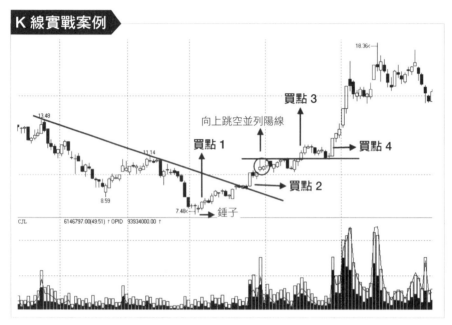

▲ 圖 3-24　東風科技（600081）2010 年 4 月至 2010 年 10 月日線圖

形態解析

- 向上跳空並列陽線，由兩根實體相對較小的陽線組成，其要求為：兩根陽線的實體基本上處於同一水平位置，並且該形態與左側上漲陽線形成一定幅度的向上跳空窗口。

- 但實際應用中此形態極少見，且不會經常出現非常標準的形態，並列的兩根陽線或許會有位置或幅度上的偏差，應靈活運用。

- 向上跳空並列陽線為看漲持續形態，若後續走勢在向兩根跳空陽線之上，其指導意義為，雖然出現橫盤震盪整理，但市場漲勢並未結束，持續看漲；若後續走勢承接兩根陽線的震盪走勢轉而下跌，並且回補該向下跳空窗口，則轉而成為頂部反轉形態。

盤面解析

　　如圖 3-24 所示，2010 年 7 月 2 日股價探出新底，以錘子線形態收盤，該錘子線形態與前一根星線相對於前方的陰線形態，構成一組底部反轉孕線形態，具有雙重看漲的意義。2010 年 7 月 5 日的陽星，進一步顯示賣盤的衰竭。7 月 6 日股價驗證前方的底部反轉形態，構成買點 1。股價在小幅攀升後，於 7 月 26 日跌至前下跌趨勢線之上，強勁上漲，構成重要買點 2。

　　其後便發生跳空向上的兩根並列的陽線，此後行情便進入橫盤盤整階段，對市場的上漲進行整理。8 月 16 日，股價向上突破跳空，並列陽線的震盪區間構成買點 3。其後在受到來自前震盪區間上限支撐後，構成買點 4。

分時圖實戰案例

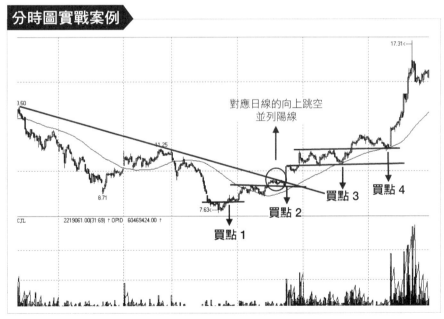

▲ 圖 3-25　東風科技（600081）分時圖

盤面解析

如圖 3-25 所示，該股在 2010 年 6 月 30 日至 7 月 7 日分時圖走勢中，構成一個小規模的圓底形態。該圓底在上漲時，受到之前下跌趨勢中向下跳空窗口的壓制，稍加整理後於 7 月 9 日 10 時形成向上突破。本圖例中可以將圓弧底部的平台突破處作為買點 1，回補前跳空窗口後，構成一個新的買入訊號。

7 月 20 日 13 時，股價上漲受到之前下跌趨勢線的壓制，進入橫盤震盪整理區間。對應日線級別圖形，為向上跳空並列陽線，該價格區域受到來自前震盪整理區間上限的支撐，於 7 月 26 日開盤便強勁上漲，突破該震盪區間的高點，及之前下跌趨勢線的壓制，形成重要的買點 2。

7 月 29 日，再次向上強勢突破後，股價在該價格區域內進行橫盤延展整理，構成向上的矩形調整形態。當該區域內向下整理受到來自前期高點處的水平支撐，及六十日移動平均線的支撐後，股價重新轉身向上，再次進入新的上漲通道中，雙重支撐處可以作為一個嘗試性的買點，為買點 3。在向上突破後，穩健的投資人們可以據此建倉了。

股價突破該矩形的上限後，再次進入新的價格震盪區間。而當向下整理時，六十日移動平均線與前矩形形態的上限處，再次對股價構成重要的支撐。依據前面的經驗，這兩種支撐均對股價構成強勁支撐，所以我們仍然按此規律嘗試性買入，作為買點 4。

成交量均對股價給予正面配合，本圖例告訴我們，每檔股票均有其特點，均有適應其價格運行的指標參考，應找到在該股中頻繁出現，並具有重要作用的技術分析方法，作為主要參考。

買點 13：向上跳空並列陰陽線的買點

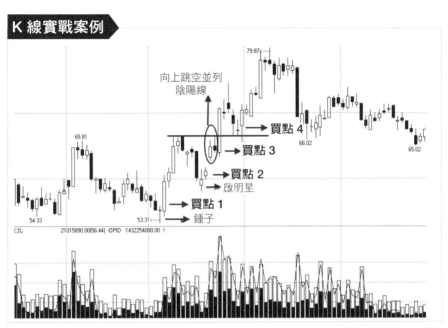

▲ 圖 3-26　包鋼稀土（600111）2011 年 3 月至 2011 年 7 月日線圖

形態解析

- 向上跳空並列陰陽線，由兩根實體相對較小的 K 線組成，第一根為陽線、第二根為陰線。其要求為：這兩根 K 線的實體，基本上處於同一水平位置，且該形態與左側上漲陽線，形成一定幅度的向上跳空窗口。但實際應用中，很少出現非常標準的形態，並列的兩根 K 線會有位置上或幅度上偏差，應靈活運用。

- 向上跳空並列陰陽線為看漲持續形態，若後續走勢在向兩根跳空 K 線之上，其指導意義為：雖然出現兩個交易日的震盪，但市場漲勢並未結束，持續看漲；若後續走勢承接兩根 K 線繼續向下，並且回補該向上跳空窗口，則轉而成為頂部反轉形態。

盤面解析

如圖 3-26 所示，2011 年 5 月 5 日 K 線圖中收出錘子線形態，說明此時長時間整理宣告結束。次日，長陽吞沒小幅下跌的全部小實體 K 線圖，給出錘子線形態的有效驗證訊號，構成重要的買點 1。之後對此波上漲進行小幅修正，於回檔低點處形成啟明星形態。次日向上跳空的漲勢，給出啟明星形態的有效驗證，為買點 2。

5 月 20 日再次向上跳空，23 日收出一根與 20 日實體並列的小陰線，構成向上跳空並列陰陽線，於 24 日放量突破前高，給出買點 3。在後期小幅回檔，受到來自前高水平方向的支撐，並且形成啟明星形態，構成買點 4。

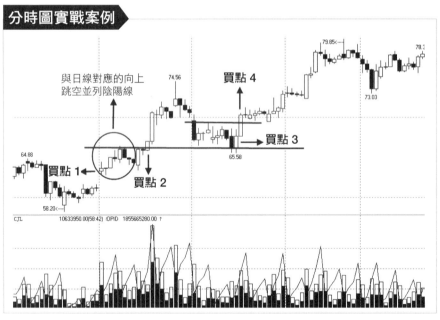

▲ 圖 3-27　包鋼稀土（600111）分時圖

盤面解析

如圖 3-27 所示，5 月 18 日開盤後股價低開高走，與前一根下跌陰線形成看漲刺透形成，預示底部隨時可能會來臨。在其後的三個交易時間單位內，股價呈現依次下跌的小陰線，可以理解為此後上漲進行的一系列鋪墊。5 月 19 日的走勢驗證了這一點，股價向上突破前期鋪墊的小陰線高點，當日的交易時間內，股價對該上漲進行了整理。

5 月 20 日開盤之後，股價強行向上放量跳空，形成突破之勢，也對於前期的看漲刺透形態，形成有效驗證，構成買點 1。該向上跳空，將前期底部的價格區間全甩在身後，而成交量放大，證明此跳空突破的成功率極高。至 5 月 23 日 14 時的交易時間內，股價對該向上跳空進行強勢整理，鞏固買盤的勝利成果。

5 月 24 日的開盤股價強勁上揚，吞沒前方五根 K 線實體，表現出向上突破的欲望。在以星線整理 1 小時之後，於該日的 13 時終於向上突破，構成買點 2，股價上漲之勢進入加速狀態。

當 5 月 26 日開盤流星線形態出現後，股價進行相對較大幅度的回檔。該回檔低點受到來自之前向上跳空並列陰陽線高點的支撐，與回檔的底部形成平頭底部形態，在陽線吞沒它前一根陰線時，構成買點 3。

在該日 13 時，股價向上再次突破之前震盪整理區間的一系列小 K 線實體，甚至突破回檔下跌的長陰，此時成交量較之前的整理走勢大，構成買點 4。在後續整理走勢中，均為強勢整理。

可以觀察到，後期兩處整理，均以一系列小陽線及小陰線構成，此處於買點 1 處的底部鋪墊形態如出一轍，有異曲同工之妙。

買點 14：平頭底部形態的買點

K 線實戰案例

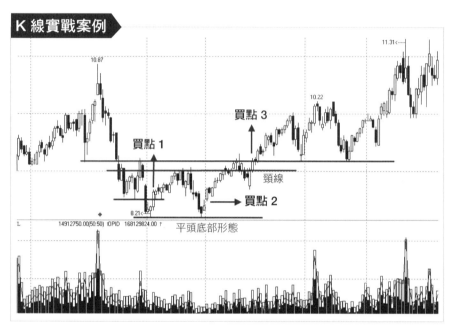

▲ 圖 3-28　白雲機場（600004）2009 年 6 月至 2010 年 2 月日線圖

形態解析

- 平頭底部形態，是由兩根相鄰或相距不遠處的 K 線構成，本形態唯一的特點，是這兩根 K 線需具有幾乎相同的最低點，因為這兩根 K 線最低點處是相同的，所以稱為平頭。
- 這兩根相鄰的或相距不遠的 K 線，像兩條腿一樣，支撐著價格由下跌轉而向上的反轉。
- 平頭底部形態既可以由實體構成，也可以由影線或十字線構成。只要最低價即可相同，沒有其他要求。
- 出現兩根這樣的 K 線形態後，並不一定代表具備反轉意義，需配合其他技術分析手段，共同給出買入訊號。

盤面解析

　　如圖 3-28 所示，2009 年 8 月 31 日股價跳空下挫以長陰收盤，但隨後兩日股價均小幅收陽，實體運行於長陰線的實體之間，成交量明顯縮小，顯示賣盤力量減弱。於 9 月 30 日以中陽 K 線向上拉升，當向上突破前一個下跌趨勢中的反彈低點時，構成了買點 1。

　　股價反彈後再度下跌，於 9 月 29 日達到前期低點處，成交量較前期低點明顯萎縮，次日開高走高，出現向上跳空窗口，並且與前一個低點構成平頭雙底形態，給出買點 2。11 月 5 日向上突破，8 月 27 日的反彈高點之後，構成買點 3。

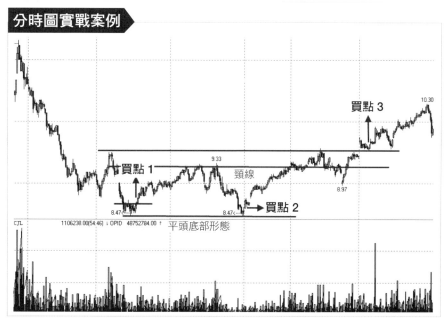

▲ 圖 3-29　白雲機場（600004）分時圖

盤面解析

　　如圖 3-29 所示，股價於 8 月 31 日 14 時至 9 月 2 日 14 時，是由多根 K 線形成的小規模的平頭底部形態，構成這次下跌的低點。值得注意的是，在該底部形態構築過程中，每次向下突破的 K 線，所對應的成交量都是逐漸減少的。9 月 3 日 10 時，股價上漲並且突破了這一底部震盪區間的高點，配合成交量有所放大，構成買點 1。

　　此後股價繼續小幅上漲，於 9 月 15 日 13 時至 9 月 23 日 10 時，構成短期平頭頂部形態，股價再次下探回測低點。9 月 29 日 13 時，股價於前一根陰線實體內部開低走高，共同構成底部反轉孕線形態。在孕線之後出現的是一根陰星 K 線，並沒有破壞底部孕線形態。

　　可以看到這一次底部運行中，成交量相對於前期底部，有更加明顯的萎縮，顯示賣盤力量更加衰竭，漲勢指日可待，一觸即發。該孕線形態處的低點與前期低點，共同構成平頭底部形態。9 月 30 日開盤後，股價開高走高，給出底部反轉孕線形態的有效性，出現買點 2。

　　這裡的重點是頸線，該頸線水平的阻力來自前期下跌趨勢中，最後一個反彈高點處。所以我們認為，該區域的重要壓力為下跌趨勢中最後一個反彈高點，而不是雙重底形態的頸線。

　　當兩個阻力位比較接近時，我們應該選取更重要的一條作為交易時的參考。從後面的走勢可以看到，股價在頸線位置有所反覆，而實質上是受到前期高點的壓制，當股價最終向上突破最後一個反彈高點處的水平支撐後，才真正構成一個具有趨勢性的買點。

NOTE

第 **4** 章

看穿 15 種 K 線賣出訊號，你也能賺飽飽再下車！

　　任何一位投資人交易時，都力圖在第一時間發現股價的變化或市場趨勢的轉變，以便提早做出交易決定。K 線反轉形態恰恰迎合投資人這個願望，K 線反轉形態大多是由一兩根或三根組合在一起的 K 線圖，來揭示出股價反轉的警示訊號，它可以在第一時間內，提醒我們市場可能出現的變化。當我們看到這些優點的同時，也要發現它是有缺點的：K 線圖的反轉形態所提供的交易訊號，只能作為短期的參考，而不能決定市場趨勢性的走向。

　　當我們在採用某個反轉訊號的時候，首先應該考慮的還是趨勢。因為在不同趨勢中所發生的交易訊號，其重要性不同，也就是說，發生反轉的可能性和可靠性也是有所區別的。例如在上漲趨勢中，當股價出現回檔時，出現的買入訊號都比較準確，而此訊號發生之後，往往能帶來較大的利潤。而上漲趨勢中的賣出訊號，只能作為短期的賣點，它有可能只是促成股價的短期回檔，甚至促成股價的橫向整理，暫時讓股價的下跌趨於緩和。圖 4-1 為常見的 K 線頂部反轉形態。

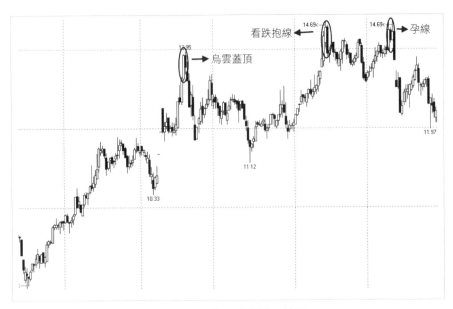

▲ 圖 4-1　常見的頂部 K 線圖

賣點 1：向上跳空兩隻烏鴉的賣點

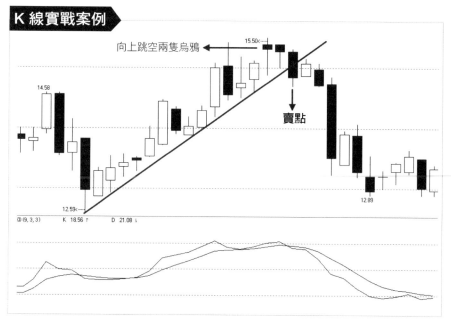

▲ 圖 4-2　華芳紡織（600273）2010 年 10 月至 2010 年 11 月日線圖

形態解析

- 如圖 4-2 所示，向上跳空兩隻烏鴉此型態，是由兩根實體相對較小的陰線組成，看起來就像兩隻站在樹上的烏鴉，向下凝視著。在東方社會，烏鴉代表不祥的徵兆，所以在股票市場中，此為看跌的形態。

- 它必須出現在一段清晰可見的上漲趨勢中，兩根並列的陰線與前方的陽線有跳空窗口。

- 但在實際操作中，很少見到如此中規中矩的形態，通常是經過變化的形態，所以遇到此向上跳空兩隻烏鴉形態時要靈活運用。

- 若後續走勢向下跌破並列兩根陰線左側的窗口，說明該形態為有

效形態，其指導意義為頂部反轉。向上跳空兩隻烏鴉出現的機率
非常小，一旦出現，其成功的機率是非常大的。

盤面解析

　　如圖 4-2 所示，2010 年 11 月 4 日，股價向上穿越前方陰線的實體，
為近期最高的收盤價，市場恢復樂觀的情緒。然而次日股價高開破出新
高 15.50 元後，盤中曾向下深幅回落，最終收出帶著長下影線的小實體
陰線。11 月 8 日，股價再次高開，即開盤價為最高價，小陰報收，與
前一根陰線形成並列的向上跳空陰線，構成本形態。下一日收出長陰，
跌破原上漲趨勢線，形成賣點。

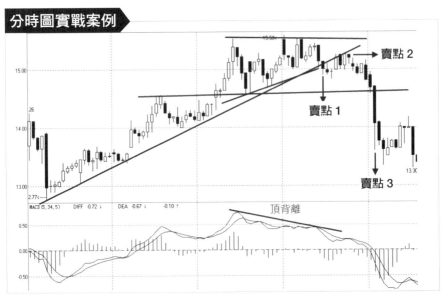

▲ 圖 4-3　華芳紡織（600273）分時圖

盤面解析

如果你認真閱讀本書各個章節，就會有所感悟，所組成形態的 K 線數量越多， 越能更早地看清趨勢的發展，從分時圖中更能領先於日線級別，找到更好的交易點。

為什麼我們在講完日線級別的圖形後，還要回到分時圖中，因為在相同時間內，分時圖所給出的 K 線數量更多，所形成的形態也更清晰明朗。從本圖例中不難發現，向上跳空兩隻烏鴉與前方的圖形，共同構成頂部的上升三角形。

如圖 4-3 所示，11 月 5 日 9 時跳空高開的陰線，開盤價與 11 月 8 日這根陰線的開盤價，均受到來自 11 月 2 日陽線高點處的水平壓力。對應日線的向上跳空兩隻烏鴉，反應在分時圖中，與前期上漲高點處的 K 線，共同出現在頂部上升三角形的上邊線處。而形成下邊線的低點，在日線圖中是無法反映出來的，這也是我們強調分時圖表的原因。

該價格在運行的區間，受到兩方面的支撐，其一為頂部的上升三角形的下邊線的支撐，其二為本波段上漲的趨勢線的支撐。若股價下跌這兩條極其重要的支撐線，便完成頂部的上升三角形形態。其指導意義為頂部反轉，構成重要賣點，在三角形區域內，MACD 指標與股價之間形成了輕微的頂部背離。11 月 9 日，當此根陰線跌破上述兩條極其重要的支撐線，同時也在日線級別中驗證向上跳空兩隻烏鴉形態的有效性，給出最佳賣點 1，此時的 MACD 指標向下加速發散運行。

此後股價向上回測原上漲趨勢線和三角形的下邊線，均被這兩條已發生角色轉換的支撐線壓制，反彈結束，給出賣點 2。這個賣點出現，股價極速下跌，向下突破前上漲趨勢中震盪平台的高點，與三角形形態的最低點，給出賣點 3，股價繼續大幅跳水。

賣點 2：頂部反轉孕線的賣點

K 線實戰案例

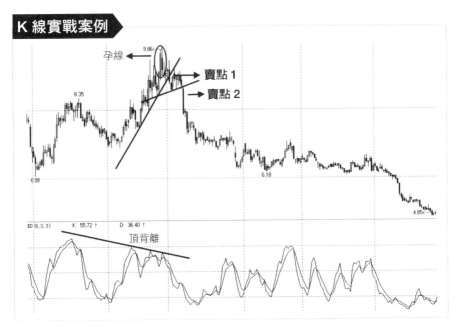

▲ 圖 4-4　東方航空（600115）2010 年 7 月至 2011 年 6 月日線圖

形態解析

- 頂部反轉孕線是由一陽一陰兩根 K 線組成。前一根為相對較長的陽線，後一根為實體相對較短的陰線，如果第二根 K 線的實體非常小，則可忽略 K 線的顏色。

- 第一根陽線應將第二根陰線的實體完全包括在內，實體越短，反轉的力度越強。但孕線並不是絕對的頂部反轉形態，在上漲過程中經常以持續調整的姿態出現，會減緩上漲的速度，預示頂部即將來臨。就如同一輛高速行駛的汽車，突然踩下剎車。

- 頂部孕線的判斷前提是，出現在大幅上漲行情的末端，若這一上漲行情出現的時間較長、幅度較大，則說明具有頂部反轉的可能

性。當後續走勢在不破壞孕線形態的前提下，向下跌破第一根長
陽線的開盤價時，頂部反轉孕線成立。若後續向上穿越了整體孕
線形態，則說明該孕線仍屬於持續形態。

盤面解析

　　如圖 4-4 所示，2010 年 10 月 26 日的陽線顯示股價上漲趨勢依然
強勁，大有突破前高之勢。但 10 月 27 日，突破新高後回落，留下長長
的上影線，以黑色實體孕線形態收盤。而後的三個交易日，股價持續在
該孕線形態中陽線的實體內震盪，試圖挽回頹勢。但 2010 年 11 月 2 日
的長陰線，向下跌破孕線長陽的開盤價，並且同時向下跌破原上漲趨勢
線，證明該頂部反轉孕線形態有效，給出賣出訊號。

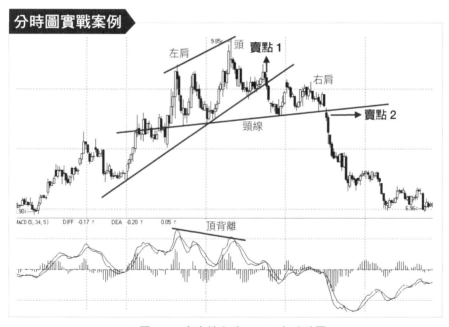

▲ 圖 4-5　東方航空（600115）分時圖

盤面解析

值得注意的是，分時圖中的 K 線圖分析與日線級別 K 線圖分析有所區別。首先應當尊重日線級別的 K 線圖給出的訊號，分時圖在波動中會頻繁地給出買賣訊號，所以對於分時圖賣出點的確定，更依賴於趨勢線移動平均線等其他技術分析。

如圖 4-5 所示，盤中出現的幾個賣點，如孕線、看跌抱線，但其後續走勢均為突破上升趨勢線，所以不能作為具有決定性的賣出訊號。

2010 年 10 月 26 日的陽線，與 27 日開盤第一根星 K 線構成十字星孕線，這是一個重要的警示訊號。當後面的陰線跌破十字孕線的陽線實體時，股價依然沒跌破短期的上升趨勢線。

作為一個穩健的投資人，應該繼續觀察後續走勢，直到 11 月 2 日 13 點的分時圖 K 線，向下跌破短期上升趨勢線後，給出第一個賣出訊號。同時結合 MACD 指標的頂部背離，與該陰線跌破中短期所有移動平均線發出賣出訊號，加強該賣出訊號的準確性。該賣點提前於日線級別 11 月 2 日的突破，一小時給出賣出訊號。

此後股價小幅反彈，進入平台震盪區間。根據 10 月 18 日 10 點至 11 月 4 日 9 點的走勢，股價又構成著名的頭肩頂形態。將頭肩頂的兩個波谷相連結，該直線為頭肩頂形態的頸線。11 月 12 日 9 點，股價向下跳空低開，直接向下跌破頸線。與此同時，MACD 指標在零軸處向下發散，與價格形態同步發出賣出訊號，跌勢正式確立，此處為賣點 2。

賣點 3：流星線的賣點

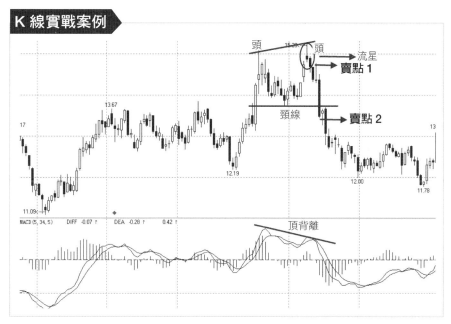

▲ 圖 4-6　上海機場（600009）2010 年 6 月至 2011 年 1 月日線圖

形態解析

- 流星線形態是由一根 K 線構成，屬於單日反轉形態之列，它具有相對於影線的長度較短的實體，可以是陰線，也可以是陽線。上影線是實體的兩到三倍以上，上影線越長，表示頂部反轉力量越強。

- 它必須出現在上漲趨勢末端，若該流星線與它前後兩日的 K 線形成跳空窗口，則反轉的意願更加強烈。此形態需要後續走勢的驗證，若後續走勢的收盤收於流星線實體之下，該形態持續有效。若流星線實體被後續走勢向上突破，證明該流星線失效，失去頂部反轉的指導意義，股價將進一步上漲。

盤面解析

如圖 4-6 所示，2010 年 11 月 8 日所收的流星線形態，並不是理論上非常理想的流星線形態。它的下影線略長，且其左側的向上跳空窗口被影線回補，但這不影響該形態發揮其頂部反轉的作用。在實戰中，不規則的 K 線圖形態是非常常見的，重點在於真正理解各種形態所具有的指導意義。

首先我們應該注意，2010 年 10 月 18 日的長上影線星線，代表市場在該價格區域所承受的賣盤壓力非常大。這無疑成為後續走勢的隱患，以至於該流星線在突破 10 月 18 日的高點後，受到來自水平方向的壓力而回落。

11 月 9 日，股價平開低走，插入流星線之前陽線的實體內部，給出流星線形態的有效驗證。該流星線與前高構成了雙重頂形態，11 月

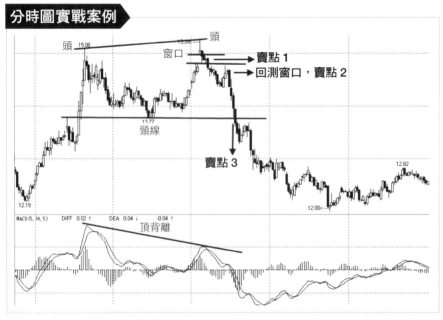

▲ 圖 4-7　上海機場（600009）分時圖

12 日長陰向下突破雙重頂形態的頸線，反轉趨勢線確立。

盤面解析

　　如圖 4-7 所示，2010 年 11 月 8 日開盤，股價跳空高開，突破前高後回落，留下長長的上影線。股價衝破前高後迅速回落，說明市場中的多方陣營無力推動股價繼續上漲，買盤開始衰竭，空方賣盤力量略顯強大，如此便構成一個警示訊號。

　　下一個時間單位，股價與流星線又構成看跌抱線形態，首先給出流星線形態的有效驗證。股價隨之回落，在關閉流星線左側的跳空窗口後，繼續回落。該日收盤前，確定窗口必將回補，給出賣點 1 的賣出訊號。

　　此後股價試圖回測窗口，在窗口下限處受到來自窗口的壓力，以看跌抱線形態結束向上反彈走勢。如果細心觀察，它還是一組黃昏之星頂部反轉形態。

　　而當頂部反轉形態出現在下跌趨勢的反彈中時，其反轉效果將大大加強。在看跌抱線的次日，股價低開，直接跌破前方反彈低點，確認看跌抱線的有效性，構成賣點 2 的賣出訊號。同時，在賣點 2 處之前，MACD 與股價之間形成頂部背離狀態。股價在窗口承壓回落後，確認頂部背離的形態，加強賣點 2 的準確性。

　　10 月 18 日 10 點與 11 月 8 日 9 點處的高點，分別形成雙重頂形態的兩個頭部。高點之間的波谷谷底的水平價格，作為雙重頂反轉形態的頸線，股價在 11 月 12 日 13 點，向下突破該頸線。同時，MACD 指標中的 DIFF 線向下穿越零軸，代表股價短期內進入下跌趨勢。

　　由本圖例可以得出一個推論，在判斷頂部形態的時候，應該重點關注前高水平方向的阻力位。而前高的價格形態，會對當前的股價產生巨大的壓力。

賣點 4：烏雲蓋頂的賣點

K 線實戰案例

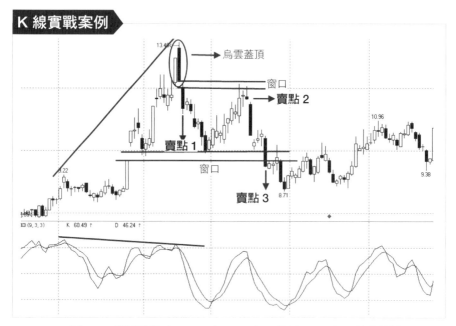

▲ 圖 4-8 澄星股份（600078）2011 年 2 月至 2011 年 7 月日線圖

形態解析

- 烏雲蓋頂是由一陽一陰兩根 K 線組合而成，第一根為陽線，第二根為陰線。

- 陰線的要求是最高價要高於陽線的最高價，並且陰線的實體要插入陽線的實體內部。理論上，最佳的形態為陰線插入陽線實體 50% 以上。

- 此類反轉形態發生在一段大幅上漲行情的頂端，其反轉機率極高。烏雲蓋頂形態出現後，若後續走勢跌破該形態中的陽線實體之下，該形態為有效形態。若後續走勢向上突破了該形態的陰線實體，則該形態為無效形態。

- 烏雲蓋頂形態出現於強勢上漲行情中，向上跳空高開後直接回落，這類形態屬於「無徵兆的反轉」類型。

盤面解析

　　如圖 4-8 所示，2011 年 4 月 18 日股價相對於前一個交易日，開高走高，以長陽光頭漲停收盤，市場後勢可期。絕大部分投資人對於後勢都抱持樂觀，並無任何反轉跡象。但是若細心觀察前幾個交易的走勢，會發現均帶有長長的上影線，這種形態代表股價正處於風口浪尖上。

　　此價格區域的壓力是顯而易見的，而這根長陽線的出現，多少顯得有些詭異，所以需要格外注意。而次日的走勢，高開之後僅小幅衝高便快速回落，不僅未能守住漲勢，還失去昨日陽線所侵佔的大部分失地，驗證了昨日的擔心。此時 KD 隨機指標向下交叉，構成頂部背離形態，

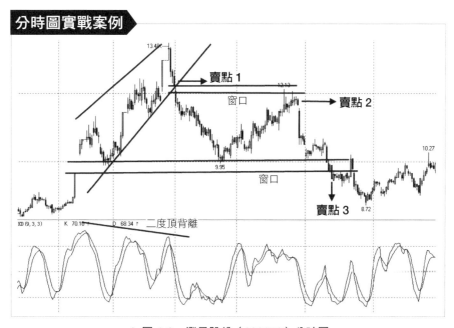

▲ 圖 4-9　澄星股份（600078）分時圖

增加反轉可能性。隨後股價向下跳空開低走低，吞沒陽線左側五根 K
線圖線的實體，給出烏雲蓋頂形態的有效驗證，隨之賣點出現。

盤面解析

　　如圖 4-9 所示，2011 年 4 月 18 日，股價以漲停收盤，其強勢可見
一斑。4 月 19 日，承接昨日的漲停強勢，股價順勢高開。但多方乏力
未能將股價進一步推高，而是令人失望地在第一個小時內以星線收盤。
此星線上下影線均顯得較長，可見多空雙方意見分歧較大，賣盤開始增
加，而買方有退卻的意願。這一小時收盤時，多空雙方的力量基本上達
到均衡狀態，這提醒投資人須有所警惕。

　　4 月 19 日第二小時，股價高台跳水，深深插入前方陽線的實體內
部，恐慌情緒蔓延。當跌破前一日陽線的收盤價時，引發多方巨量停利
盤的出現，加速股價下跌，驗證十字星的擔憂。縱觀全圖，股價再也沒
有觸及到此高位。同時 KD 隨機指標與股價之間，已經出現二度背離的
情況，增強市場內看跌的氣氛。

　　在 4 月 19 日收盤處，該日的收盤價恰好落在前上漲趨勢線之上，
由於股價未向下跌破該趨勢線，所以我們應當繼續關注股價的後續演
變。4 月 20 日，股價脫離趨勢線的支撐，向下跳空開低走低，跌勢得
以確認，此處為目前圖表中第 1 處賣點。

　　隨後股價大幅快速下跌，在 2011 年 3 月 25 日，所產生的向上跳空
窗口處獲得支撐，股價的跌勢暫告一段落。進入反彈階段，價格反彈至
4 月 20 日的向下跳空窗口處，反彈走勢結束，留下了長長的上影線，
在該窗口處承壓時，為第 2 賣點。

　　股價再次迅猛快速地向下跳空跌落，KD 指標與股價之間再次產生
二度頂部背離狀況，此時多方大勢已去，也是多方的最後逃亡位置。一
落千丈的股價此次向下擊穿 3 月 25 日的跳空窗口，最後的支撐也隨之
而去，此處為賣點 3，是最後有指導意義的賣點。在本圖例中，水平支
撐和阻力具有重要作用。

賣點 5：黃昏之星形態的賣點

K 線實戰案例

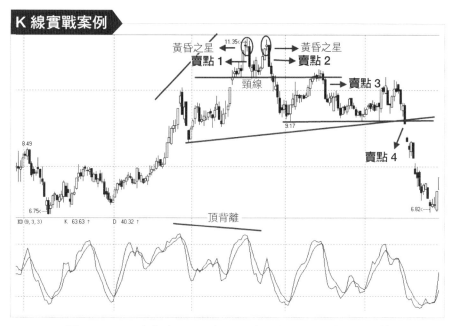

▲ 圖 4-10　*ST 中葡（600084）2009 年 8 月至 2010 年 7 月日線圖

形態解析

- 黃昏之星是由三根 K 線組合而成，第一根為上漲陽線，第二根為星 K 線，第三根為下跌陰線。其中要求第二根星 K 線的實體部分，必須高於第一根陽線的實體。

- 理論上還要求，星 K 線的下影線與第一根陽線之間存在跳空窗口，但實際中這樣的圖形並不常見。

- 第三根陰線要求插入第一根陽線的實體內部，黃昏之星必須出現在上漲趨勢中。

143

盤面解析

　　如圖 4-10 所示，2010 年 1 月 5 日和 6 日為第一處黃昏之星形態，該形態為雙星系統，在該形態之前，是運行了一年以上的緩慢上漲行情。該形態中的陽線漲勢強勁，幾乎以最高點收盤。其後的兩根星線顯示出，雖然多方將股價維持在相對高位，但無力再繼續向上推升，多空膠著，上下兩難。

　　1 月 7 日，股價大幅跳水收黑，向下吞沒黃昏之星形態中陽線的實體，同時 KD 隨機指標與股價出現頂部背離，共同給出該形態的有效驗證。1 月 19 日，股價二次探頂，與前一個黃昏之星形態如出一轍，兩個高點分別構成雙重頂形態的兩個頭部，股價向下突破頸線之時，雙重頂形態得到確認。頂部確立，該雙重頂規模較小，其反轉力量也較少，預計下跌目標不會很大。

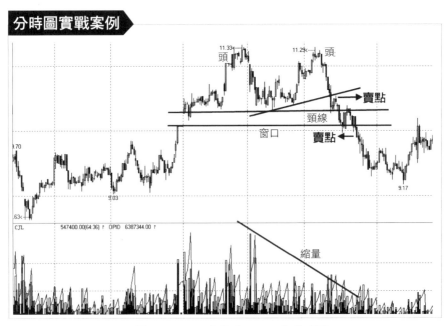

▲ 圖 4-11　*ST 中葡（600084）分時圖

　　股價下穿頸線後，曾三次反彈雙重頂頸線，均受到雙重頂頸線的壓制，都未能構成有效突破。股價承壓後的下行，構成反彈高點處的賣點，為賣點 3。4 月 29 日，股價連續擊穿兩條支撐線，中期跌勢確立，給出賣點 4。

盤面解析

　　圖 4-11 所示為分時圖，2010 年 1 月 5 日可以看到盤中交投激烈，九點鐘開盤承接昨日的走勢，慣性高開。但股價回落，成交放量，配合成交量可看出，股價賣盤力量強大，結合成交量理論，這是一個非常危險的訊號。股價雖然在此後反覆上衝，但成交縮量未能予以配合，並且上衝速度較慢，打破原上漲走勢的速率。

　　1 月 6 日，盤中股價雖然進一步上衝，但成交量方面進一步縮量，加深對後勢上漲的擔憂。1 月 7 日，股價盤中曾出現大幅跳水的行情，甚至與前一根 K 線留下向下跳空窗口。種種跡象表明，獲利兌現的賣盤開始大幅增加，對應日線，該日的陰線深深插入「流星線」形態中第一根陽線的實體，從分時圖看，提前於日線收盤給出賣出訊號。

　　此後股價陷入大幅向下回檔中，至 2009 年 12 月 24 日的向上跳空窗口處獲得支撐，開始向上反彈，股價回升。但在反彈過程中，雖然股價達到前高位置，但成交量卻未能再次放量，反而持續萎縮，說明上漲的動能依然枯竭。

　　由分時圖對應的成交量可以發現，在股價向下運行中，成交量放大；而在向上運行中，成交量減少，這進一步證明了頂部形成的可能性在增加。

　　將第二次向上反彈所留下的兩個低點，連成後為一支撐線。股價於 1 月 21 日向下跌破該支撐線時，成交量放大，確認該趨勢線破位有效，為我們提供強而有力的佐證，賣點出現。

　　其後，股價受到雙重頂形態中頸線的支撐，小幅反彈，被該趨勢線壓制而回檔。反彈過程中成交量萎縮，說明向上的走勢僅僅為下跌趨勢

中反彈而已。當股價再次向下跌破雙重頂頸線之時，股價縮量下跌。

可以注意到，在股價回測壓力的過程中，成交量均較下跌時有所減小。證明大家對市場的下跌達成一致，頂部確立。

賣點 6：看跌抱線的賣點

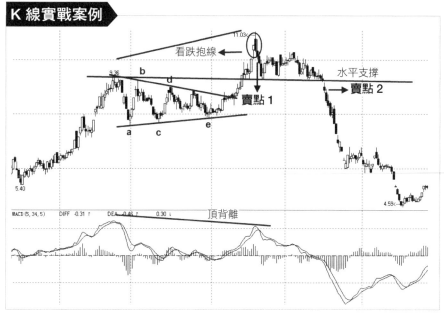

▲ 圖 4-12　ST 華光（600076）2009 年 9 月至 2010 年 7 月日線圖

形態解析

- 看跌抱線形態是由兩根 K 線組成的，第一根為陽線，第二根為陰線，在股市中是常見的頂部反轉形態。其要求為：第二根陰線的開盤價要高於第一根陽線的收盤價，收盤價要低於第一根陽線的開盤價，第二根陰線將第一根陽線的實體部分完全包住。
- 若其後續走勢低於該形態中陰線的收盤價，則證明該看跌抱線形態有效，其指導意義為頂部反轉；若後續走勢高於該形態中陰線的實體部分，則證明該形態失效，無任何指導意義。
- 看跌抱線形態的反轉力道，強於烏雲蓋頂形態。

盤面解析

　　如圖 4-12 所示，前期上漲趨勢中，呈現出看漲對稱三角形形態，該形態通常預示最後一波上漲的到來。所以在對稱三角形形態出現後，股價於 2010 年 3 月 10 日，出現該上漲波浪的最高點。3 月 8 日與 9 日連續出現兩個漲停板，漲勢異常強勁。但 3 月 9 日的 K 線圖為上吊線形態，值得注意。3 月 10 日，股價高開衝高後迅速回落，跌破前一個交易日的開盤價，構成看跌抱線形態。

　　配合 MACD 指標方面，柱狀圖縮短預示看跌徵兆。次日股價低開後雖然極力反撲，終無功而返，股價回落至前高水準，獲得支撐。進入震盪區間，其高點受看跌抱線形態中陰線低點壓制，形成兩次烏雲蓋頂形態和看跌抱線形態。此時 MACD 與股價之間形成頂部背離，股價跌破水平支撐後，MACD 向下穿越零軸進入空頭市場，股價一瀉千里。

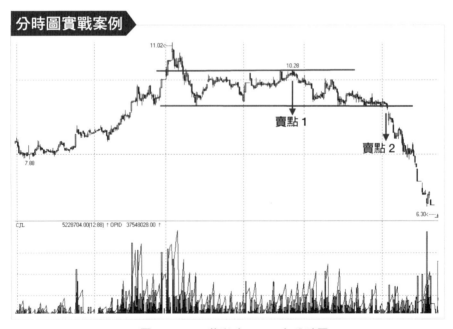

▲ 圖 4-13　ST 華光（600076）分時圖

盤面解析

如圖 4-13 所示，2010 年 3 月 10 日 9 時開盤後，在昨日高點之上，在這一時間單位內股價寬幅震盪。在昨日強勢的基礎上，市場本應強勁上漲，而出現激烈震盪情況，此時投資人應注意。

此外，這一時間單位內 K 線圖形成長上下影線的星線，容易使投資人人心渙散。下一小時內，股價向下跌落，在昨日漲停板處獲得暫時的支撐。值得我們關注的是，比起之前，這兩個小時內的成交量是遞減的，而成交量是推動股價上漲的原動力，這種量價背離顯示買方力量在減弱。

在 3 月 10 日 11 時這一時段，股價向下跌破日線級別中前一個交易日的陽線實體之外，在日線級別上，形成看跌抱線形態。3 月 11 日，股價平開小幅反彈，在星線的實體下方受壓回落。股價在 3 月 11 日 14 時，跌破當日的開盤價，也就是說，低於日線級別中，看跌抱線中陰線的實體之下，給出有效驗證，同時在日線級別上也給出賣點。在分時圖中，跌破當日 9 時開盤的陽線低點，也成為分時圖表中第一個賣出訊號。而這一低點的水平阻力，在今後的股價運行中，也具有至關重要的作用。

此後股價進入長期的寬幅震盪區間，在震盪區間的高點，正是我們之前所提到的 3 月 10 日收盤價處，阻力強勁。此處為震盪區間的上限，也可以作為一個賣點進行參考。股價繼續下行，於 4 月 29 日向下跌破前震盪區間的低點，同時，該低點也是前期上漲階段中震盪平台的高點。按照道氏理論來講，此處的突破具有重大反轉意義。再看成交量，在此時也縮至低量，顯示買盤信心盡喪。

在後期的震盪區間內，成交量逐漸萎縮，這符合向下看跌持續調整形態的成交量要求。事實也驗證了此點，在震盪結束後，股價快速下跌中成交再次放量，顯示出市場中的悲觀氛圍。持股者急於脫手，下跌趨勢確立，該跌勢的最低點處為 4.59 元，下跌了近一倍有餘。

賣點 7：上吊線的賣點

K 線實戰案例

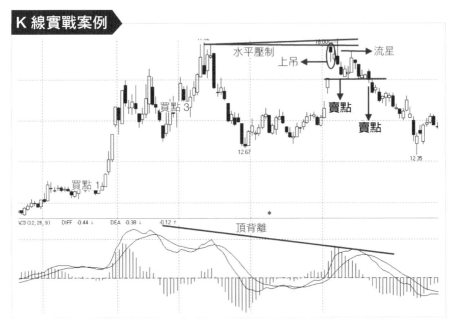

▲ 圖 4-14　寧波聯合（600051）2011 年 5 月至 2011 年 8 月日線圖

形態解析

- 上吊線是單根反轉 K 線形態的一種。要求該 K 線實體部分相對較小，理論上最佳形態為無上影線。若形態中出現上影線，以短到忽略不計為佳，下影線長度為實體部分的兩到三倍以上，上吊線本身的顏色無關緊要。
- 若後續走勢向下突破上吊線的最低價，說明該形態為有效形態，其指導意義為頂部反轉；若後續走勢向上突破上吊線的實體部分，說明該形態為無效形態，無任何指導意義。

盤面解析

如圖 4-14 所示，當 2011 年 5 月 30 日在高點下跌至短期低點處，形成啟明星形態，股價經過小幅上漲進入橫向的震盪整理過程。在震盪中底部逐漸向上，於該震盪區間震盪探底的過程中，2011 年 6 月 20 日再次出現陰線，與前後兩根 K 線再次形成啟明星形態。2011 年 7 月 1 日，股價向上突破反彈高點。

根據道氏理論，這是上漲趨勢初步形成的一種跡象，此日構成買點，其後股價連續兩次向上跳空。當第二次跳空出現後，股價受到來自前方高點的水平壓制，形成上吊線形態。

值得注意的是，在上吊線的第二天，股價出現疾速衝高，在突破上吊線的高點後，迅速向下回落形成流星線形態，此時在頂部具備兩組 K 線反轉形態。股價在下跌過程中，受到原向上跳空窗口的支撐。

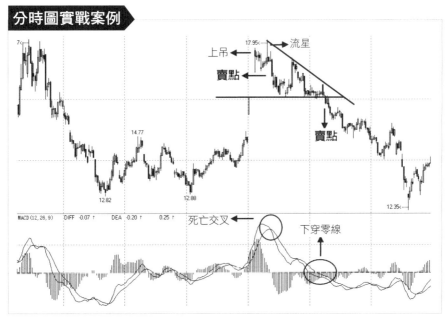

▲ 圖 4-15　寧波聯合（600051）分時圖

2011 年 7 月 20 日，股價在關閉窗口之後繼續下行，突破原跳空窗口的支撐，形成一個突破賣點。而此時 MACD 指標，也與股價出現頂部背離，進一步驗證賣點的可靠。

盤面解析

如圖 4-15 所示，分時圖中第一個低點的買入訊號，在 2011 年 5 月 31 日開盤後所形成，是一個小級別的啟明星形態。MACD 指標在零軸之下出現黃金交叉，確定一個階段性的低點，此後股價在震盪的過程中，均呈現 ABC 三浪走勢。6 月 20 日的二次探底過程，在小時線中呈現出看漲抱線形態，其後長陽上漲，確定買入訊號。MACD 指標向上再次交叉，準確的買點訊號是發生在 2011 年 7 月 1 日開盤時，此時股價向上突破前方的反彈高點，形成突破買點。而 MACD 指標在零軸之上發生黃金交叉，顯示在目前的強勢中出現買入訊號，所以該處的買點是比較有意義的。

2011 年 7 月 4 日，在第一個單位交易時間內，股價便向上跳空開高走高，以漲停板收盤，結束一天的行情。有一種觀點認為，開市後的第一個小時決定一天的行情走勢。接下來我們來看看，分時圖中的上吊線形態是怎樣發生的。

2011 年 7 月 5 日開盤，股價向上跳空後形成上吊線形態。其後，全天的股價波動都處於該上吊線的實體範圍之內，說明此處的上吊線，對全天的股價均產生影響。而 2011 年 7 月 7 日開盤的第一個小時，便確定流星形態，在當日收盤時得以驗證，形成賣點。同時，這根陰線也對前方的上吊線具有驗證作用，其後面臨的是前方的向上跳空窗口的支撐。

當這一賣點出現時，MACD 指標也在高位出現死亡交叉，發出賣出訊號。可以看到，前方高點的阻力，在此處具有強大作用。至 2011 年 7 月 20 日股價均受到前方跳空窗口的支撐，並再次向下關閉原向上跳空窗口，給出賣點，而此時 MACD 指標下穿零軸，進入弱勢區。

賣點 8：三隻烏鴉的賣點

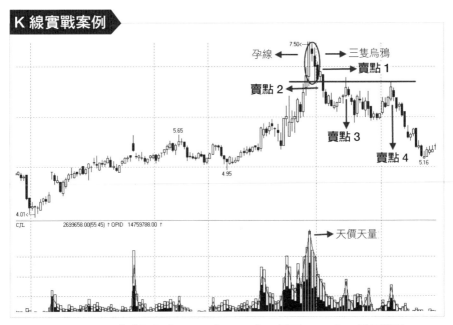

▲ 圖 4-16　華升股份（600156）2010 年 6 月至 2011 年 1 月日線圖

形態解析

- 三隻烏鴉形態是由三根依次降低、重疊出現的陰線組成。
- 要求為：第二根陰線開盤價在第一根陰線實體之內，第三根陰線開盤價在第二根陰線實體之內。
- 但理論上這種最佳圖形是很難見到的，在市場中，一般都是三隻烏鴉標準形態的變體，但不會影響它的作用。
- 三隻烏鴉一般為各種頂部反轉形態的延續確認，如烏雲蓋頂後面跟隨兩根依次降低重疊的陰線，為烏雲蓋頂形態的延續確認。

盤面解析

　　如圖 4-16 所示，2010 年 11 月 26 日股價以長陽漲停收盤，其上漲之勢勢不可擋，該日所對應的成交量，為歷史走勢中最大的成交額。就此一階段來看，依然形成「天價天量」。

　　出乎意料的是，第二日的走勢並沒有承接前一交易日的漲勢，而是在陽線體內開盤，突兀地令其漲勢戛然而止。當天股價在其前方陽線體內寬幅震盪，以陰線收盤，吃掉了昨天漲停所吞沒的大面積失地。天價天量背後的故事，作為圖表分析者不必過多地去探究，我們只相信眼前的事實。

　　當股價漲幅被逐漸吞沒之時，這種現象表明買盤已經退卻，而獲利兌現成為主流。隨著成交量逐漸萎縮，可以得出的結論是買盤開始撤退。所謂頂部的形態，並不是空方的力量驟然大增、壓倒多方，而是多

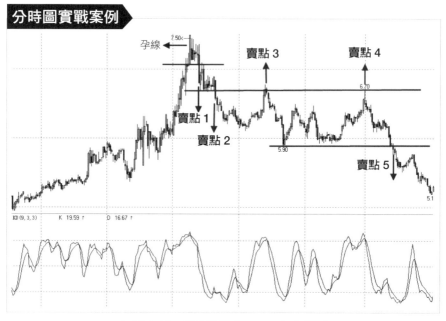

▲ 圖 4-17　華升股份（600156）分時圖

方陣營內部的叛變，導致無人接盤而形成頂部。

　　當股價完全吞沒這一根長陽實體之時，賣點 1 出現，股價在三隻烏鴉的次日，出現一天向上的小幅整理。但隨後的股價，迅速向下跌破三隻烏鴉的最低點，即長陽線的最低點，給出第 2 個賣出訊號。賣點 3 與賣點 4，皆是受到三隻烏鴉形態最低價位的壓制，所形成的看跌孕線所構成的賣點。

盤面解析

　　如圖 4-17 所示，11 月 26 日 14 時的最後一根陽線以漲停收盤，上漲之勢強勁，暗示下一個交易日可能依然強勁。但此時 KD 指標已然進入 80 刻度以上，為超買區。次日的開盤顯然令市場中多數投資人跌破眼鏡，股價並沒順勢高開，而是在長陽線的實體內開低走低，寬幅震盪。

　　而投資人對於今日的低開，受昨日收盤的影響，可能會認為是入市的好時機，這或許就是昨日股價強勁上漲所要達到的效果。其目的就是誘導眾多散戶，逢低接盤，主力伺機出貨，全身而退。可以看出此時 KD 指標依然自 80 刻度處向下發散，給出賣出訊號。如果你是一個純粹的技術分析者，此時就為你提供了一個非常隱蔽的潛在賣出訊號。

　　此後股價於長陽線的實體內部上下震盪，在這些小實體的 K 線中，均留下長長的上影線，顯示出盤中每次上漲都會引發賣盤的介入。這些上影線提供了足夠警示，已然成為了一個組合的頂部孕線形態。11 月 30 日 10 時，長陰線下穿組合孕線中長陽線的實體，給出賣出訊號為賣點 1。若細心觀察，KD 隨機指標已由 80 刻度以上向下穿越，並且發散，更加驗證該分時圖中頂部反轉孕線的可靠性。

　　賣點 1 形成之後，股價在該陰線實體的下方，進行小幅震盪調整，形成一個橫盤震盪整理的平台。當股價向下跌破該處低點水平時，給出第 2 個賣點。此後股價一路下跌，在前期上漲趨勢中震盪平台的高點處獲得支撐。

　　下跌過程中，股價與 KD 隨機指標出現一次短暫的底部背離，促使股價在短時間內向上快速地反彈。但在反彈途中，受到兩次來自賣點 2 處的水平壓制，此兩處形成反彈高點，為賣點 3 和賣點 4。

　　賣點 4 是一個十字黃昏星的頂部反轉形態，股價此後大幅下跌，突破前期兩次反彈所構成的寬幅震盪平台的低點，下跌趨勢再次被確認，給出賣點 4。在此一波下跌的趨勢中，可以發現每一次向上反彈高點所給出的賣出訊號，都是準確無誤的。

賣點 9： 看跌捉腰帶線的賣點

K 線實戰案例

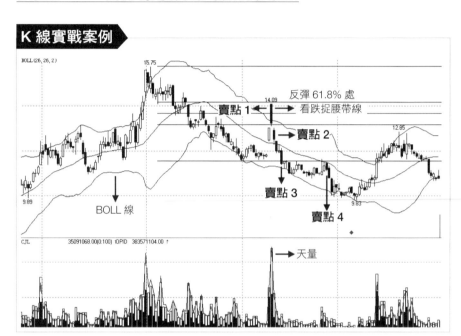

▲ 圖 4-18　葛洲壩（600068）2010 年 11 月至 2011 年 7 月日線圖

形態解析

- 看跌捉腰帶線屬於單根反轉 K 線之列的形態，它是由一根沒有上影線的光頭陰線所形成。形成該形態的條件非常簡單，首先必須出現在一波清晰可見的上漲趨勢中，該上漲趨勢規模不分大小（可以是大幅上漲趨勢的頂端，也可以是向上反彈的高點）。其次，它必須有下影線，但長度不應過長。

- 若後續走勢向下跌破該形態的最低點，證明該形態為有效形態，為頂部反轉形態；若後續走勢向上突破該形態實體，則證明該形態為無效形態。也正因為形成該形態的條件過於簡單，所以最好有其他技術分析手段配合，共同給出賣出訊號為佳。

盤面解析

　　如圖 4-18 所示，2011 年 4 月 20 日的上漲來勢突然，股價收於 BOLL 線中軌之上。但沒有確認趨勢反轉之前，遇到任何一次上漲的反彈，都應該積極找出股價潛在的反彈阻力位。

　　2011 年 4 月 21 日，股價承接前日漲停，以漲停價開盤於 BOLL 線之外，遠遠偏離 BOLL 線上軌，股價有回落至 BOLL 線內部的要求，同時股價開盤於反彈的 61.8% 處，是潛在的阻力位。以上均提示我們股價極有可能回落，61.8% 處的反彈本身已構成賣點。該日放天量形成捉腰帶線，次日股價跳空低開，進入前日陽線，構成賣點 2。在跌破前下跌低點處形成賣點 3，後期回測該位，形成賣點 4。

分時圖實戰案例

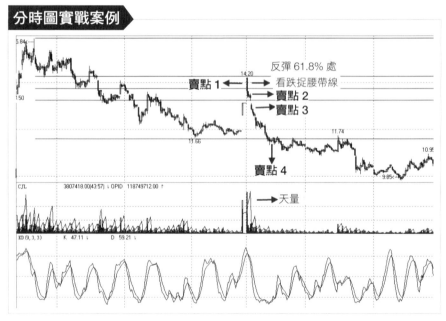

▲ 圖 4-19　葛洲壩（600068）分時圖

盤面解析

　　如圖 4-19，此次反彈可用曇花一現來形容，來得急去得也快。本次戰役決定性的賣點，在 4 月 21 日開盤的第一個小時。此賣點一出則勝負已分，其後勢賣點均是對前期賣點的驗證，都是進一步逃命的訊號。本次反彈隱含一個潛在的阻力位，也就是前期下跌的黃金分割點位，若你能發現這個細節，便可在反彈結束之前全身而退。

　　當日開盤即以漲停價開盤，而此價與前期下跌反彈 61.8% 幅度的阻力位極其接近。考慮到該處為重要阻力位，在沒有確定形成上漲趨勢的情況下，相對應的日 K 線也向上嚴重偏離 BOLL 線的上軌道線。這兩處潛在的阻力提醒我們，一旦漲停出現鬆動，則應該立即賣出手中的股票，以防止跳水行情的發生。

　　在此時出現了巨大的成交量，但股價的走勢是向下的，可見主力賣盤態度異常堅決，並且前兩日的拉升也是早有預謀的。而不明真相的散戶卻在積極買入，接下主力手中的最後一棒。

　　在下一個交易時間單位，股價繼續下滑而成交量急劇萎縮，證明買方已經預感到潛在危險，不再積極介入。同時 KD 指標於超買區出現死亡交叉，在後半個交易日中，股價並未見絲毫向上的意願，成交量維持較低水準，給出賣出訊號，為賣點 2。次日向下跳空開盤，回補之前交易日所造成的向上跳空窗口，回補窗口時給出賣點 3。

　　當日股價完全消化前期的漲停陽線，即便在賣點 1 與賣點 2 處，尚對後勢抱有幻想，在賣點 3 處也應看清了主力的陰謀，應堅決離場。其後股價在無懸念快速下跌過程中，再次跌破更前方處的跳空窗口後，跌破前方反彈的起點。此時多方大勢已去，再無回天之力，給出最後的賣點，為賣點 4。

賣點 10：看跌反擊線的賣點

K 線實戰案例

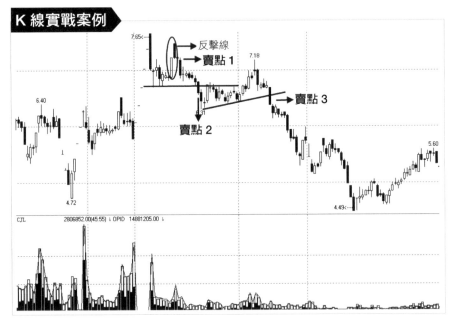

▲ 圖 4-20　*ST 秦嶺（600217）2009 年 6 月至 2010 年 8 月日線圖

形態解析

- 看跌反擊線是由兩根 K 線共同組成的。要求為：第一根為上漲趨勢中的陽線，第二根為上漲趨勢末端的陰線，該陰線開高走低，收盤價與前一根陽線的收盤價處於同一位置。但實際運用中，它們的收盤價未必完全相同，需要靈活運用與掌握。其中陰線高開的幅度越大，反轉的力量越強。

- 若後續走勢向上突破該形態中陰線的收盤價，證明該形態為有效形態，指導意義為頂部反轉；若後續走勢向上突破該形態的最高價，證明該形態為無效形態，無任何指導意義。

盤面解析

　　如圖 4-20 所示，前期股價在連續漲停之後，2010 年 2 月 11 日再次以漲停開盤。但開盤後便巨幅跳水，跌回前一個漲停的全部漲幅，市場猶如給買盤當頭一棒，成交量也相應地放大。由巨量的成交量可見，賣盤力量態度異常堅決，此陰線對後勢產生深遠影響。

　　經過小幅調整後，3 月 1 日股價再次以漲停報收，而次日的股價高開後，受到前方巨量陰線的沉重壓力，再次呈現開高走低的局面。在此階段逢高拋售已成為主基調，可發現這兩次的開高走低，幅度均大於之前。

　　經過一日調整後，3 月 4 日股價開低走低，深深插入前方漲停陽線的實體，驗證看跌反擊線的有效性，構成賣點 1。其後股價在向下跌破前期震盪區間的低點水準時，構成賣點 2。下跌後股價經由小幅反彈，

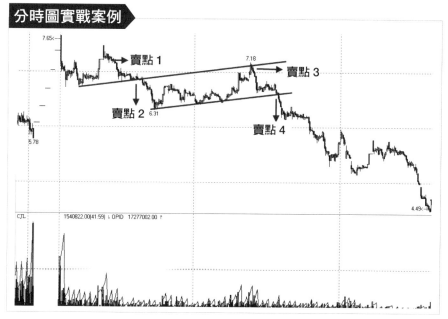

分時圖實戰案例

▲ 圖 4-21　*ST 秦嶺（600217）分時圖

形成反彈高點，以星線結束此次反彈走勢，下跌該反彈支撐線後，形成賣點 3。

盤面解析

如圖 4-21 所示，在股票市場有一種非理論性的研究，當日開盤的第一個小時預示當日行情的走勢，甚至是前十五分鐘。其道理非常簡單，經過一夜後，投資人經由對前日走勢的總結，重新綜合各種因素的分析，及對前日市場情況的理解與研判，而結果最終反應在次日開盤的初期。

而收盤前的一小時，甚至是半小時之內，則是投資人經由當天的觀察，對後期的走勢做出新的判斷所反映出來的結果。所以在分時圖中，開盤及收盤的走勢是至關重要的。結合此觀點，我們來分析一下本圖例的分時走勢。

2 月 11 日開盤的第一根蠟燭線，股價以漲停開盤後直線跳水，展現了投資人經由收盤後的總結和分析，所得出的判斷結果，都表現在該日第一個交易時間單位內。而當日後半段的股價，為承接第一根長陰線所做出的後續反應。

3 月 2 日開盤的第一根 K 線與 2 月 11 日的 K 線同出一轍，有異曲同工之妙。在當日後續走勢中，同樣為第一根下跌陰線的延續，其收盤價與前一個交易日的收盤價相同，對應日線級別 K 線中，為看跌反擊線形態形成。

3 月 3 日，股價繼續下跌，插入前方陽線的實體內部，再次對應日線圖，給出看跌反擊線形態的有效驗證，為第 1 賣點。2 月 11 日與 3 月 2 日的第一根陰線中，成交量放大，顯示賣盤壓力之重。在後期下跌中縮量下跌，跌勢延續，買方已認同目前該下跌走勢，交易清淡。此後的股價跌破前方震盪區間的支撐線時，給出賣點 2。

在賣點 2 後的下跌趨勢中，多方組織一次時間跨度相對較長的反彈，但在成交量上並不樂觀，此次上漲，被判定為下跌趨勢中的反彈而

已。當股價在回測水平壓力及前支撐的延長線時承壓，形成賣點 3。股價在下跌該向上反彈的支撐線後，構成賣點 4。

　　經由對此圖例的分析，驗證了之前所講的：股價在開盤一小時及收盤一小時，對市場產生的重要指導性作用。投資人可據此觀點在實際操作中，予以驗證。

賣點 11：向下跳空並列陽線的賣點

K 線實戰案例

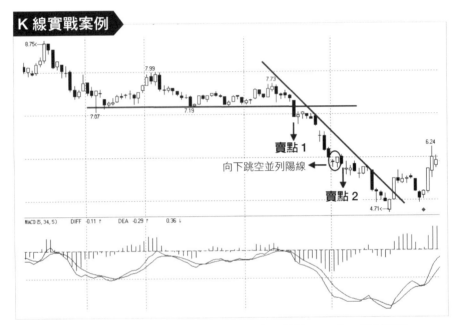

▲ 圖 4-22　維維股份（600300）2010 年 1 月至 2010 年 6 月日線圖

形態解析

- 向下跳空並列陽線此形態極其少見，此由兩根實體相對較小的陽線組成。其要求為，兩根陽線的實體基本上處於同一水平位置，且該形態與左側下跌陰線，形成一定幅度的向下跳空窗口。在實際應用中，不會常出現非常標準的形態，並列的兩根陽線，或許會有位置上或者幅度上偏差，應靈活運用。

- 向下跳空並列陽線為看跌持續形態，若後續走勢在向兩根跳空陽線之下，其指導意義為：雖然出現陽線，但市場跌勢並未結束持續看跌。若後續走勢承接兩根陽線繼續向上，並且回補該向下跳空窗口，則轉而成為底部反轉形態。

盤面解析

如圖 4-22 所示，當股價於 2010 年 4 月 19 日下跌震盪平台的支撐線後，則進入新的下跌趨勢，這根光頭光腳的長陰線構成賣點 1。在 2010 年 5 月 4 日及 5 日，股價在極速下跌後，形成兩根向下跳空的並列陽線，代表市場陷入多空觀望狀態，多空雙方暫時達成一致。而第二天，股價開高走低，向下吞沒了這兩根向下跳空的並列小陽線，表示短暫的整理已經結束，空方力量再次壓過多方，構成賣點 2。

事實表明，這兩根陽線是下跌中的持續形態，後勢仍存在下跌空間，市場已在賣點 1 處形成最佳賣點。如果心存僥倖，沒有在賣點 1 處賣出手中的股票，此時在賣點 2 處也應該及時了結。

很多投資人認為，只要不停損則僅為帳面虧損，並沒有發生實際上的虧損。這種觀點是錯誤的，因為如此不但會增加機會成本，還會受到

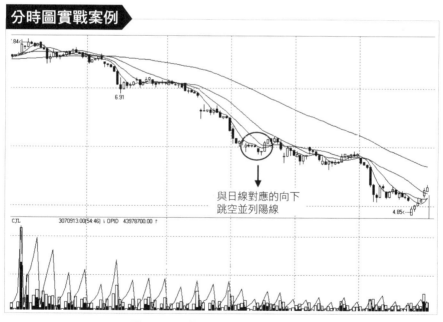

分時圖實戰案例

與日線對應的向下
跳空並列陽線

▲ 圖 4-23　維維股份（600300）分時圖

被套牢的心理煎熬，其後必定會失去以更低價位進場的良機。殊不知，股價下跌後再次低位接回，會攤低持倉成本。若股價上漲，會在短時間內彌補前期所造成的虧損。

盤面解析

如圖 4-23 所示，對應日線的向下跳空並列陽線處，在分時圖中表現為小幅的橫向震盪。雖然在分時圖中，5 月 5 日 10 時與前後兩根陰陽線，構成疑似的微型錘子線形態，在出現小陽的初步驗證後，後期走勢隨著 5 月 6 日 14 時的陰線，下跌插入前方陽線實體，證明該形態沒有得到進一步的驗證。而所對應的成交量，表現出成交處於低迷狀態，沒有絲毫放量配合的現象，說明股價不具備向上突破的力量，而更表現出市場的觀望態度。

結合移動平均線來看，由於股價偏離中期移動平均線較遠，表現出來的是短暫的拉回效應，移動平均線未給出有效的明顯的買入訊號。根據我們所講過的底部反轉形態，包括量價配合和其他輔助技術分析方法來看，股價向上反轉的機率微乎其微。在實際的操作當中，絕大多數投資人之所以飽受被套牢的煎熬，究其原因不外乎兩點。其一，不能準確判斷反轉形態及市場趨勢；其二，人性的弱點所導致的貪婪及僥倖。

驗證是技術分析的基石，如果沒有驗證，技術分析可能比擲硬幣來決定交易的成功率更低。分時圖雖然有向上的跡象，但對應日線 5 日的陽線即便回補了窗口。但在回補窗口後，股價沒有繼續上揚，並且沒有向上的驗證，證明此時是底部反轉形態。所以分時圖給出的短期的交易訊號，還是需要相對於分時圖更長期的日線圖表，來進行有效驗證後，成功率更大。

當股價出現小幅波動時，被套牢投資人會燃起強烈希望，這是人性弱點所導致的。而技術分析者，除了要準確掌握技術分析手段，更重要的是克服人性弱點。在準確判斷趨勢的基礎上，賣點出現則賣，買點出現則買，不摻雜個人感情色彩，這是作為成功投資人必備的條件。

賣點 12：向下跳空並列陰陽線的賣點

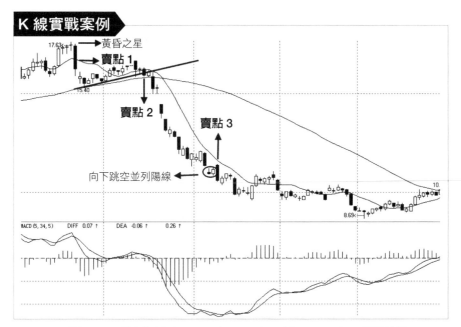

▲ 圖 4-24　華泰股份（600308）2010 年 3 月至 2010 年 7 月日線圖

形態解析

- 向下跳空並列陰陽線，由兩根實體相對較小的 K 線組成，第一根為陰線，第二根為陽線。
- 此型態的要求為，以上兩根 K 線的實體，基本上要處於同一水平位置，且該形態與左側下跌陰線，需形成一定幅度的向下跳空窗口。
- 但實際應用中，很少會出現非常標準形態並列的兩根 K 線，可能會有位置上或幅度上的偏差，應靈活運用。
- 向下跳空並列陰陽線，為看跌持續形態，若後續走勢在向兩根跳空 K 線之下，其指導意義如下：雖然出現兩個交易日的震盪，但

167

市場跌勢並未結束，持續看跌；若後續走勢承接兩根 K 線繼續向上，並且回補該向下跳空窗口，則轉而成為底部反轉形態。

盤面解析

如圖 4-24 所示，2010 年 3 月 17 日至 3 月 23 日，構成一個組合的頂部黃昏之星形態。3 月 23 日的長陰線，向下吞沒黃昏之星前方的長陽實體，同時驗證頂部黃昏之星的反轉訊號，構成賣點 1。

當股價於 2010 年 4 月 15 日向下跌破前上漲趨勢線之後，形成賣點 2。此時 MACD 指標在零軸之下出現死亡交叉，驗證賣點 2。但該日股價受到 60 日移動平均線的支撐，穩健的投資人應該繼續等待賣出訊號的進一步驗證。

2010 年 4 月 19 日，開盤後股價向上小幅反彈，迅速向下跌破並脫

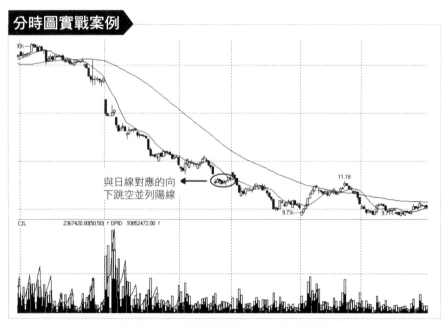

▲ 圖 4-25　華泰股份（600308）分時圖

離 60 日移動平均線，進一步確認下跌趨勢。在極速下跌後，2010 年 5 月 7 日與 10 日，形成向下跳空並列陰陽線，與前方的陰線實體之間出現向下跳空窗口。

5 月 11 日，股價於向下跳空窗口處開盤，同時受到 10 日移動平均線的壓制，向下跌落，吞沒跳空並列陰陽線。證明該形態為市場中的下跌持續形態。若此時尚有持倉，當立即了結，持幣者應該繼續等待。

盤面解析

如圖 4-25 所示，5 月 7 日開盤後，在第一個交易時間單位內，股價形成向下跳空的十字星線，此時成交量稍有放大。在此後的幾個交易時間單位內，股價沒有向上嘗試回補跳空窗口，而是進入橫盤震盪調整區間。在 5 月 10 日 13 時，股價曾試圖向上嘗試回補跳空窗口，但受到 10 日移動均線的壓制，此時的成交量與橫盤階段的成交量相比是萎縮的，令人懷疑其上漲的力道。

在 14 時，股價依然受到 10 日移動平均線的壓制，以星線收盤。此時成交量繼續減少，根據移動平均線與成交量的分析方法進行輔助研判，該形態極有可能只是一個短暫的小幅調整，是否能夠向上突破窗口，仍需後期走勢的進一步驗證。

而在 5 月 11 日開盤後，股價雖然高開，但是 60 日移動平均線仍對其產生壓制作用，股價雖然在向下跳空窗口之上開盤，但隨即便向下回落，以小陰線收盤。

接下來的兩個時間單位，股價走勢與第一根陰線形成三隻烏鴉形態。當日 13 時的陰線重新向下跌破 10 日移動平均線，同時將前兩日的向下跳空並列陰陽線完全吞沒，這就排除了這兩根並列陰陽線為底部反轉的可能性，預示股價將繼續下跌。該向下跳空並列陰陽線，為下跌中的持續形態，是下跌趨勢的暫時整理。

一般情況下，不論是上漲還是下跌，快速回檔與反彈都不會超過兩天。由於這樣的慣例，也就催生出向上或向下跳空並列陽線，或是向上

或向下跳空並列陰陽線等持續形態。兩天的回檔或反彈，基本上都會受到窗口的壓制，或者受到移動平均線的壓制。

　　所以只要出現此類形態，首先要看是否回補窗口，其次要看是否穿越均線，還要看成交量與擺動指標是否配合等。如果這些都符合底部反轉的條件，才能將其視為反轉走勢。趨勢是具有慣性的，不會輕意發生反轉，所以判斷趨勢反轉時，一定要格外小心。

賣點 13：下降三法的賣點

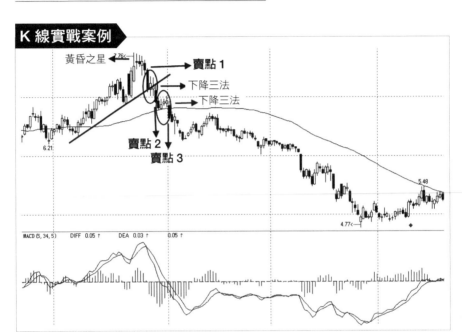

▲ 圖 4-26　中國聯通（600050）2009 年 12 月至 2010 年 5 月日線圖

形態解析

- 下降三法一般是由五根 K 線組合而成的，它的第一根 K 線為下跌趨勢中的長陰線，中間的三根 K 線在第一根陰線體內震盪的小陽線。

- 這三根小陽線在陰線體內依次升高，但不允許向上超出第一根陰線的實體。而最後的第五根為陰線。

- 理論上，開盤價要求低於中間震盪第三根小陽線，收盤價必須低於第一根陰線的收盤價，形成向下的突破，即為下降三法。

- 有時下降三法中，前後兩根陰線內部震盪的 K 線實體非常小，可以忽略這些小 K 線實體的顏色。有時會在兩根陰線之間出現三根

以上，或三根以下的震盪小 K 線，只要不破壞下降三法規則，不
影響該形態的持續看跌作用。

盤面解析

　　如圖 4-26 所示，連續出現兩組下降三法形態，第一組為下降三法
的變體，前後兩根陰線之間為兩根小陽線。第一組下降三法形態中，
2010 年 1 月 20 日的長陰，奠定了下降三法的基調，其後的兩根小陽線
均為對前方陰線短期整理。其中第二根小陽線的開盤價，已經低於短期
的上升趨勢線支撐。但由於尚處於短期橫盤震盪，其向下突破不具備有
效性，有待進一步觀察。

　　當 1 月 25 日的陰線出現後，向下穿越上升趨勢線的支撐位，同時
完成下降三法形態，構成雙重意義的賣點。MACD 指標也在此時形成

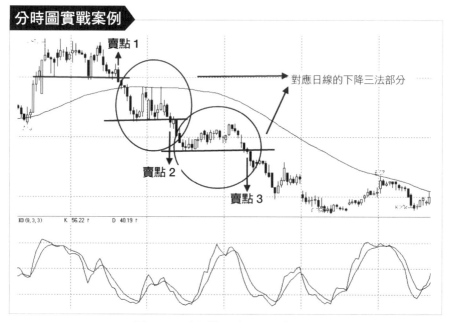

▲ 圖 4-27　中國聯通（600050）分時圖

死亡交叉向下發散，柱狀圖翻至零軸以下，給出賣點 1。

接著股價跌至六十日移動平均線處，獲得短暫支撐，在陰線實體內形成三個小的調整形成的陽線實體。隨著股價向下跌破六十日移動平均線及前方陰線實體，完成第二組的下降三法，構成雙重賣點，此為賣點 2。

盤面解析

如圖 4-27 所示，我們來看這兩組下降三法是如何演化的。對應下降三法中的第一根陰線，在分時圖中，當日開盤的第一個交易單位時間內就向下跌破了，前震盪低點發出第一個賣出訊號。其後，股價在受到 60 日移動平均線短暫的支撐後，於 1 月 20 日 13 點下跌 60 日移動平均線，給出賣點 1。

14 時股價繼續大幅下跌，與此同時，KD 隨機指標已進入超賣區間。這也說明，在分時圖中出現兩根小陽線是有道理的，因為擺動指標已經超跌，出現反彈是可以理解的。在 1 月 21 日開盤後，股價小幅下跌，KD 隨機指標在相對低位出現暫時回檔，股價向上回測 60 日均線，KD 指標向上交叉進行修復。股價在此後的三次上漲，均受到 60 日移動平均線的壓制，留下較長的上影線。

1 月 25 日開盤後，股價經小幅上揚後便向下回落，KD 隨機指標二次向下交叉，完成向上的修復過程，重新給出賣出訊號。11 時股價向下跌破該震盪區間的低點，也跌破相應的日線級別中反彈的兩根陽線，完成日線中的下降三法形態。KD 隨機指標向下發散，驗證該賣出訊號的可靠性。

26 日開盤後，股價承接前期跌勢，呈現小幅下挫局面，但在該交易日的 14 時，KD 隨機指標於超賣區再次向上進行修復，顯示出股價在短期內為超賣狀態，隨時可能向上反彈。

27 日開盤後便即上揚，KD 隨機指標於超賣區向上交叉，所對應的日線，為下降三法中第一根小陽線。此後股價一路小幅震盪上揚，KD

隨機指標快速上升。29 日 14 時，KD 隨機指標完成向上的修復，再次出現死亡交叉。2 月 1 日開盤後，股價向下跌破連續三日的反彈低點，對應日線跌破第二組下降三法中第一根陰線的實體，完成下降三法，給出賣點 2。60 日移動平均線在此後市場的運行中，發揮重要的壓制作用。2 月 12 日的反彈高點在受到其壓制後，繼續回落。

賣點 14：看跌分手線的賣點

K 線實戰案例

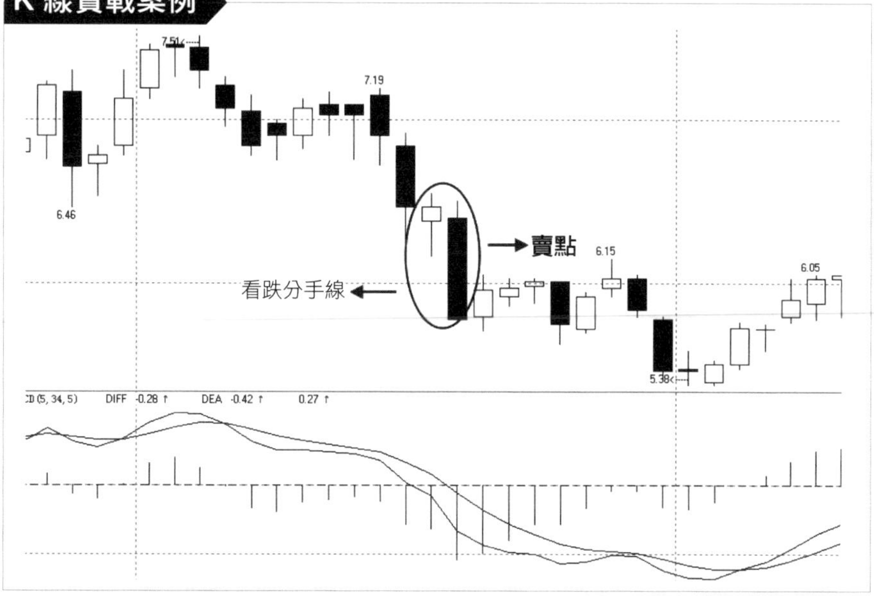

▲ 圖 4-28　廣州控股（600098）2009 年 7 月至 2009 年 9 月日線圖

形態解析

- 看跌分手線是由兩根 K 線組合而成，第一根為突然出現在下跌趨勢線的反彈陽線，第二根為繼續下跌的陰線。這兩根 K 線的要求為：陰線的開盤價與陽線的開盤價在同一位置，前一根 K 線向上，後一根 K 線向下，兩者分道而行，意味著分手。

- 此分手不是反轉的意思，而是與下跌趨勢線中的反彈說分手，下跌趨勢繼續運行。

- 第二根陰線出現後，本身是一個賣點，如果此時手中無持倉，那麼還應該繼續持幣觀望。此種分手線一般出現在一波上漲行情的中段，有預測後期上漲幅度的作用，當然這不是絕對。

盤面解析

看跌分手線往往出現於弱勢的下跌趨勢，屬於下跌趨勢的中繼形態。如圖4-28所示，2009 年 8 月 17 日，股價處於弱勢狀態，長陰收盤。而次日一根開低走高的陽線顯得有些突兀，但不必追究原因。

此時 MACD 指標必須處於空頭市場弱勢發散狀態，次日股價於陽線的開盤價處開盤，以光腳陰線收盤，似乎昨日的事情根本沒有發生一樣。投資人可據此賣出手中的股票，若此時手中沒有持股，應該繼續持幣觀望，這不過是上行趨勢中的一小段插曲而已。

下跌分手線的出現，往往預示股價仍然有強大的動能和廣闊的空間進一步下跌。當此形態出現後，投資人可以繼續休息，因為絕大多數底部的形成，都不會是瞬間的反轉，而是需要經過長時間反覆構築並驗證，才能形成真正的底部形態。

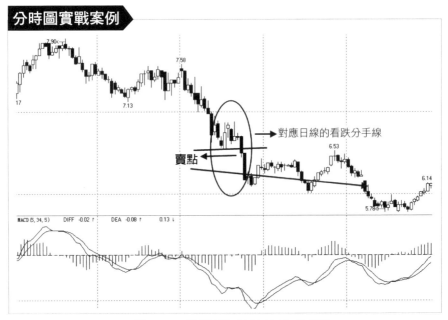

▲ 圖 4-29　廣州控股（600098）分時圖

盤面解析

　　如圖 4-29 所示，2009 年 8 月 18 日開盤後，股價小幅上漲，買賣訊號頻發，呈現出一種無規則運行，最終於 15 時收盤時，股價收於當日的高位。反應在日線中，為一根低開高走的陽線。但此時 MACD 指標依然運行於零軸下方，DIFF 線僅輕微的趨緩，DEA 繼續向下平穩運行。

　　18 日 11 時與 13 時，兩根 K 線形成看漲吞沒形態，而 14 時的上漲，似乎並未對這組疑似反轉形態給出有效驗證。所以不能依據分時圖表的這種疑似形態入市，而是靜觀其變，等待市場的進一步指引。

　　次日股價開盤後，便呈現下落趨勢。之前我們曾講過，開盤一小時內的走勢，在一定程度上會指引全天的價格走勢，該分時圖就印證了此論點。股價在此後的兩根 K 線中，最終只對第一根進行小幅調整，股價於 8 月 19 日 13 時向下突破，跌破前一日的價格低點，構成賣出訊號，賣點形成。

　　我們可以看到，該低點對之後的價格回檔有壓制作用。而向下突破的這一根陰線，對應日線級別圖表，為看跌分手線成立，此次突破為向下突破分手線中的陽線之最低價。

　　而對應 MACD 指標，柱狀圖由逐漸縮短轉而成為繼續向下發散。DIFF 線在向 DEA 短暫的靠近後，隨著股價下落又向下折回，繼續延續空頭趨勢。在分時圖中，直到後期的長時間調整走勢出現後，MACD 指標中的 DIFF 線，才向上穿越 DEA 線。股價在此後進入較長時間的寬幅震盪區間，在接近看跌分手線中陽線低點價格水平時承壓，形成區間頂部的黃昏之星形態。股價應聲下跌，MACD 指標中的 DEA 線與DIFF 線重新向下交叉，形成死亡交叉，恢復下跌趨勢。

　　此形態為簡單的下跌中的看跌持續形態，不用深究原因，只要順勢而為，就能把握住市場的脈動。

賣點 15：平頭頂部形態的賣點

K 線實戰案例

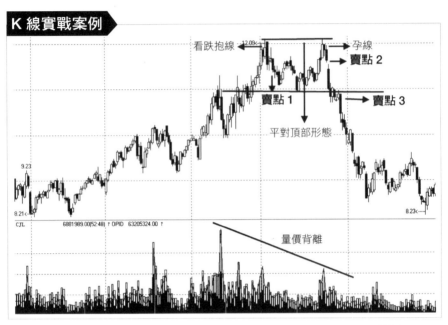

▲ 圖 4-30　白雲機場（600004）2009 年 9 月至 2010 年 7 月日線圖

形態解析

- 平頭頂部形態是由兩根相鄰，或相距不遠處的 K 線構成。本形態唯一的特點是，這兩根 K 線具有幾乎相同的最高點。由於最高點處相同，所以稱為平頭。
- 這兩根相鄰的或相距不遠的 K 線，承接著由下而上的漲勢，再將價格反轉向下。共為頂部反轉形態。
- 平頭頂部形態既可以由實體構成，也可以由影線或是十字線構成，只要最高價是相同的，沒有其他要求。
- 出現兩根此 K 線形態，並不一定就具備反轉意義，需要其他技術分析手段配合。

盤面解析

　　如圖 4-30 所示，2010 年 3 月 3 日股價達到高點 12.09 元之後，次日以看跌抱線形態進入回檔階段。

　　其後形成持續形態的下降三法形態，這一次的高點，對後勢的股價走勢有消極影響。該高點的形成過程中，比起之前的漲勢，成交量出現明顯的萎縮。

　　3 月 25 日，股價在回檔見底後再次向上拉升，於 2010 年 4 月 14 日達到前期相同的高點，即 12.09 元。還是從成交量方面可以看出，當日的成交量較之前期高點明顯減少，意味著買方力量並不強勁，上漲動能不斷萎縮。

　　在這種情況下，股價能否突破新高，對於所有投資人來說，都成了疑問。顯然股價受到前期高點的壓制是非常嚴重的，次日便再次形成頂

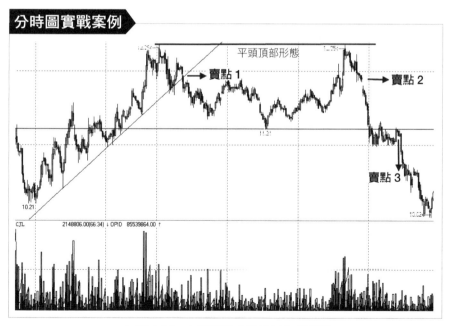

▲ 圖 4-31　白雲機場（600004）分時圖

部反轉孕線形態，4 月 16 日，向下突破孕線形態，構成賣點 2。4 月 20 日股價向下突破雙重頂的頸線後，構成賣點 3。

盤面解析

如圖 4-31 所示，3 月 3 日股價突破前方的短期高點後，創出新高。但比起前方較低高點的成交量，此時的成交量明顯萎縮，預示上漲動能逐漸減弱。在 3 月 3 日 11 時處，股價於前一根陽線實體之內開盤，開低走低，與前方的長陽構成頂部高位孕線反轉形態，此後股價驗證該反轉孕線形態的反轉。

但受到前期上漲趨勢線的支撐，我們在此處強調一點：當某一股票的賣點確認後，而與之賣點價格接近處有更重要趨勢性驗證訊號時，應該將賣點順延至其後更重要的支撐位，此時再確認此處真正的賣點。

當股價第一波段下跌受到前上漲趨勢線的支撐後，出現一段小幅的反彈。在反彈過程中，成交量是逐漸萎縮的，隨後股價便再次下跌。於 3 月 9 日開盤後，直接向下跌破原上漲趨勢線，構成賣點 1，在突破該支撐時，成交量方面放量。

3 月 25 日 14 時，股價形成一個回檔的低點，再次向上反彈。股價在該次反彈的過程中，成交量第一次放大，但比起之前上漲過程中的成交量，是明顯較少的。股價在達到前期高點時，長陽 K 線似乎帶給我們會繼續上漲的希望。但若進行橫向比較可得到，該處的成交量，比起之前高的成交量，也是明顯萎縮的。

4 月 14 日 10 時股價在達到前高時，受到明顯的壓制，大於前一根陽線的成交量，K 線圖方面還形成烏雲蓋頂形態。這表示，市場在前期高點處受到非常強勁的賣盤壓力，陰線後方又形成下降三法的看跌持續形態，股價逐級下挫。4 月 16 日 13 時，向下跌破高點之前的長陽實體，確認烏雲蓋頂反轉形態的有效性，構成賣點 2。

如此，兩個高點的形成，與兩個高點下方賣點的形成，構成了我們本節所講的平頭頂部形態。

　　平頭頂部形態與雙重頂形態之間的區別在於：平頭頂部形態的規模通常較小，它可以是相鄰兩根 K 線組合而成的，而如果平頭頂部形態的高點之前時間跨度較長，則轉化為雙重頂形態。當股價下跌雙重頂頸線之時，雙重頂形態形成，構成賣點 3。

NOTE

NOTE

NOTE

NOTE

國家圖書館出版品預行編目（CIP）資料

101 張圖看懂技術分析【初階入門版】：我如何用 K 線賺一億!?／
財聚龍頭著. -- 新北市：大樂文化有限公司，2023.08
192 面；17×23 公分（優渥叢書 Money；061）
ISBN 978-626-7148-70-9（平裝）
1. 股票投資　2. 投資技術　3. 投資分析

563.53　　　　　　　　　　　　　　　　　　　112010036

Money 061

101張圖看懂技術分析【初階入門版】
我如何用 K 線賺一億!?

作　　者／財聚龍頭
封面設計／蕭壽佳
內頁排版／王信中
責任編輯／林育如
主　　編／皮海屏
發行專員／張紜蓁
發行主任／鄭羽希
財務經理／陳碧蘭
發行經理／高世權
總編輯、總經理／蔡連壽
出 版 者／大樂文化有限公司（優渥誌）
　　　　　地址：220新北市板橋區文化路一段 268 號 18 樓之一
　　　　　電話：（02）2258-3656
　　　　　傳真：（02）2258-3660
詢問購書相關資訊請洽：2258-3656
郵政劃撥帳號／50211045　戶名／大樂文化有限公司

香港發行／豐達出版發行有限公司
地址：香港柴灣永泰道 70 號柴灣工業城 2 期 1805 室
電話：852-2172 6513　傳真：852-2172 4355

法律顧問／第一國際法律事務所余淑杏律師
印　　刷／韋懋實業有限公司

出版日期／2023 年 8 月 21 日
定　　價／280 元（缺頁或損毀的書，請寄回更換）
I S B N／978-626-7148-70-9